UN

GRAND FRAN[...]

P. P. RI[...]

ET LE [...]

JACQUE[...]

CHARAVAY FRÈRES, [...]

4, Rue de [...]

A P[...]

COLLECTION

PIERRE-PAUL RIQUET

BOURLOTON. — Imprimeries réunies, B.

PIERRE PAUL RIQUET

UN GRAND FRANÇAIS

DU XVIIME SIÈCLE

PIERRE-PAUL RIQUET

ET LE CANAL DU MIDI

PAR

JACQUES FERNAY

PARIS. CHARAVAY FRÈRES ÉDITEURS

4, rue de Furstenberg.

1884

PIERRE-PAUL RIQUET

CHAPITRE PREMIER

Un matin de juillet 1604, la ville de Béziers s'éveillait à peine, déjà toute dorée par le soleil levant; cinq heures n'avaient pas encore sonné aux horloges de l'antique petite cité; et déjà au milieu de la ville, dans une étroite rue où la haute tour de la cathédrale projetait une ombre éternelle; dans un vieux logis aristocratique, tout était en mouvement.

Les servantes allaient et venaient se bousculant à toutes les portes tant leur hâte était grande; des serviteurs, dans la cour qui précédait la vieille maison, s'empressaient à nettoyer les écuries, fourbissaient les cuivreries des portes et les ferrures des anneaux qui servaient à attacher les montures.

Il n'est pas jusqu'au gigantesque éteignoir à torches placé dans le coin, auprès du perron d'entrée, qui ne reçût aussi son coup d'époussette et un lustre inaccoutumé.

Dans la maison on entendait une voix d'homme, la voix du maître sans doute, car les réponses qu'on faisait à ses questions étaient respectueuses. Partout où elle retentissait, cette voix semblait communiquer une énergie et une vitesse nouvelles.

La porte de la maison s'ouvrit bruyamment et un homme parut sur le perron qui descendait par trois marches dans la cour.

Il était grand, bien pris, le corps serré dans un justaucorps de velours grenat; des chausses de satin gris et de grandes bottes de peau d'Espagne, montant jusqu'aux genoux, lui faisaient un ajustement élégant et harmonieux de ton; une grosse fraise godronnée entourait son cou et sa barbe, le forçant à tenir élevée sa tête fine et énergique.

Des cheveux frisés qui sentaient même un peu le roussi, tant la barbière qui achevait à peine sa coiffure avait mis de conscience à son œuvre, complétaient une toilette de grand air.

Ainsi posé sur le perron, le poing sur la hanche, le maître du logis ressemblait à un de ces portraits du roi Henri, dont Rubens devait embellir le palais du Luxembourg, quelques années plus tard.

— Eh bien! Cadichou? fit-il d'une voix sonore à un serviteur, avançons-nous? l'écurie est-elle convenable?

— Tout est prêt, messire, répondit respectueusement l'homme interpellé.

— Alors, Cadichou, va donner un coup de main à la

cuisine. Ces femmes, là dedans, perdent la tête ; mène-les comme un reître ; sans cela rien ne sera terminé à l'heure du repas.

Comme il achevait ses instructions, un pas paisible de mules se fit entendre dans la petite rue, puis cessa devant la maison, et le marteau soulevé retomba avec bruit.

Cadichou se précipita, ouvrit toute grande la porte cochère, un cavalier entra, suivi d'un serviteur, montés l'un et l'autre sur des mules de prix, superbement harnachées.

— Est-ce ici le logis de messire Riquet, seigneur de plus Bonrepos ? demanda le cavalier.

— Oui, monsieur le président, s'écria le maître du logis, vous êtes ici chez moi, et vous me voyez très honoré et plus enchanté encore de vous y recevoir.

Messire de Riquet descendit les marches du perron, vint vers son visiteur, et lui donna l'accolade de bienvenue.

— Suis-je un homme de parole ? lui demanda celui-ci, qu'à son costume entièrement noir on reconnaissait en effet pour un magistrat. Il était président à mortier au parlement de Toulouse. Suis-je de parole ? continua-t-il, ne vous avais-je pas promis, à la dernière visite que vous me fîtes à Toulouse, de venir au baptême de votre fils, si Dieu vous en accordait un ; et n'est-ce pas aujourd'hui la cérémonie, messire.

— Oui, président, c'est aujourd'hui. Vous avez reçu à temps, je le vois, mon message qui vous annonçait la naissance de mon fils, le 29 juin, fête de saint Pierre et saint

Paul. Je craignais que vous ne puissiez pas vous absenter.

— J'ai pris le temps, voilà tout, messire. Je voulais vous féliciter et embrasser ma cousine, votre femme, et aussi le nouveau poupon. A propos, est-il beau ?

— Superbe, fit le père avec orgueil.

Tout en parlant, les deux hommes entrèrent dans la maison.

Le président tomba plutôt qu'il ne s'assit sur un fauteuil, en s'écriant :

— Ouf ! je n'en puis plus, j'ai marché une partie de la nuit, tant j'avais hâte d'arriver; mais, vive Dieu ! mon cousin, quelle route ! quelles fondrières ! j'ai manqué vingt fois me rompre le cou.

— Reposez-vous, cousin, répondit messire de Riquet; nous tâcherons ici de vous faire oublier tout cela. C'est presque un voyage, en ce temps-ci, que de venir de Toulouse à Béziers.

Holà ! une pinte et deux coupes de vin aux épices, continua-t-il, frappant dans ses mains, selon l'usage du temps, pour appeler les servantes.

La grande pièce dans laquelle messire de Riquet avait introduit son visiteur ressemblait à une de celles qu'on montre de nos jours encore dans les vieux châteaux du Béarn en disant : Voici la chambre de parade où Henri IV a couché.

Les murailles étaient couvertes de belles tapisseries de verdure, encadrées de bois de noyer, dont les sculptures un peu lourdes étaient noircies par le temps. Au plafond, les solives formaient des caissons, dont les rentrants, plus sombres, prenaient des tons de vieux chêne.

Ces décorations sévères réfléchissaient à peine la lumière que tamisaient du reste avec avarice deux hautes et étroites fenêtres aux petits carreaux verdâtres, cerclés de plomb. A côté d'une vaste cheminée, était placé un meuble de marqueterie, espèce de cabinet italien; les ferrures d'argent des portes, les délicates colonnettes de la façade en indiquaient clairement l'origine.

Comme pendant à ce meuble précieux, il y avait une haute crédence de noyer chargée de pièces d'argenterie, de drageoirs pleins de dragées parfumées, de sacs en peau d'Espagne également remplis de cet accessoire obligé de tout baptême.

D'antiques fauteuils en cuir, une lourde table au-dessus de laquelle pendait du plafond un lustre de Hollande en cuivre brillant, une mandoline espagnole et un grand miroir de Venise, accrochés en face des fenêtres, complétaient l'ameublement de cette pièce, la plus vaste et la plus belle du logis.

— Et ma cousine, demanda le président, lorsqu'il fut reposé et refraîchi, la verrons-nous aujourd'hui ?

— Mais certainement, elle doit être prête à l'heure qu'il est. Oh! déjà sept heures! fit messire de Riquet jetant les yeux sur un cartel placé entre les fenêtres, vous me permettrez, cher cousin, de vaquer à quelques soins, de donner quelques ordres. Je reviens bientôt, vous ramenant madame de Riquet. Et il s'élança dans une pièce voisine.

— Ma mie, êtes-vous prête? disait-il fièvreusement. Voici nos invités qui vont arriver.

Des vagissements d'enfant qui ressemblaient à des miaulements de jeune chat lui répondirent.

Il y eut un grand remue-ménage; la porte se referma, et le président, laissé seul, s'étendit voluptueusement dans son fauteuil, où il s'assoupit doucement en murmurant :

— Un fils, un premier né! ils perdent tous la tête.

Il dormait consciencieusement, sans souvenir et sans souci de la fête à laquelle il venait assister, lorsque tout à coup il se réveilla brusquement, et se leva en sursaut; messire de Riquet rentrait, tenant par la main sa femme en grande parure. Une robe de velours de Gênes vert émeraude l'enveloppait de ses longs plis raides; elle portait un corselet en pointe, si chargé de broderies d'argent que la couleur disparaissait sous les arabesques. Le corsage moulait les épaules, le dos, la taille avec la netteté d'un dessin fait par un artiste, et se terminait autour du cou par une immense collerette raide et si large que son mignon visage rose paraissait ainsi posé sur ces dentelles, comme une fraise sur un bol de lait.

Un petit bonnet de velours vert, pointu devant, couvrait sa tête, laissant voir ses cheveux châtains, crêpés et relevés sur les tempes.

Elle était charmante ainsi, dans ses beaux ajustements; et

ce fut avec un compliment mérité que le président accueillit son entrée.

— Mordious, ma belle cousine, je ne vous cusse point reconnue! La dernière fois que je vous vis, au couvent des dames de Toulouse, vous n'étiez encore qu'un bouton tout verdoyant; aujourd'hui, je salue une belle dame dont la vive fraîcheur ferait honte aux roses.

Mme Riquet répondit à ce compliment un peu suranné par un plongeon dans ses jupes, selon la mode d'alors.

Cependant le heurtoir retentissait incessamment : messire de Riquet, tout à ses devoirs de maître de maison, s'était rendu sur le perron.

Là il accueillait les amis, les parents ou les voisins de campagne des propriétés qu'il possédait près de la petite ville de Revel. Les uns arrivaient à cheval, leur femme en croupe; d'autres dames étaient montées sur de paisibles mules, menées à la main par un écuyer.

Tout le monde entrait avec de grandes révérences, et chacun s'empressait autour de la maîtresse du logis pour lui offrir ses hommages ou ses félicitations.

— Riquet, vos cousins de Provence viendront-ils, ainsi qu'ils l'avaient promis? demanda un invité à son hôte.

— Je n'en sais vraiment rien, répondit messire de Riquet. La Provence est si loin de nous, quoique si près.

A ce moment, Cadichou parut à la porte et fit de loin des signes à son maître.

— Messire, lui dit-il, lorsqu'il l'eut joint, une troupe entre à l'hôtel, quatre maîtres et six domestiques, sans compter les mulets de bât; c'est tout un monde. Où logerons-nous tout cela? fit Cadichou ahuri.

— Bah! en se serrant un peu, il y aura place pour tous. Ne te tourmente pas, mon vieux serviteur, répondit messire de Riquet en riant.

Il descendit rapidement le perron, et arriva assez à temps pour offrir le poing à une dame, qui couverte d'un grand manteau de serge brune, son touret de nez sur le visage, sautait lestement à terre.

— Merci, mon cousin, lui dit-elle joyeusement, et ôtant le petit masque dont l'usage était aussi indispensable aux dames de ce temps dans la rue ou en voyage, que le sont de nos jours les gants ou les voiles, elle lui montra deux yeux de velours noir, gais et pleins de feu.

Riquet la considérait tout étonné : Elle se mit à rire, et dit à son mari :

— Honoré, présentez-moi donc à notre cousin.

— Madame la marquise Riquetti de Mirabeau d'Aix, cousin Riquet, fit un gentilhomme s'avançant, et voici nos deux fils.

— Ah! mon cousin, quelle joie de vous recevoir! s'écria messire de Riquet, en s'inclinant devant la marquise et tendant la main aux deux jeunes gens.

Mme Riquet se présenta sur le perron, et, avec mille souhaits de bienvenue, introduisit les nouveaux arrivés.

— Par ici, leur dit-elle, voici les chambres qui vous attendent, et où j'espère vous garder longtemps, car on ne fait pas un voyage si long, si périlleux, pour repartir de suite.

Elle appela les filles de chambre, les mit aux ordres de sa belle cousine et, tandis que son mari s'occupait de ses cousins de Provence, elle assista à l'ouverture des coffres contenant les costumes de gala qu'avaient apportés les mules de bât.

Le marquis Riquetti de Mirabeau, deuxième du nom, sa femme et leurs fils furent présentés en grand apparat aux parents et aux amis de messire de Riquet.

Les fonctions du marquis à Aix, ses fréquents séjours à la cour lui donnèrent le prestige d'un mérite et d'une autorité indiscutables auprès des hobereaux qui l'entouraient.

— J'osais à peine, mon cousin, lui dit messire de Riquet, espérer votre venue.

— Il est de fait, mon cousin, que vos chemins sont diaboliques, et qu'il a fallu notre grand désir de vous voir pour continuer notre voyage à travers des fondrières sans nombre, des précipices assez effrayants et des rivières à peine guéables.

— Vous oubliez les rencontres inquiétantes, mon ami, continua sa femme, et les couchées dans des auberges qui avaient tout l'air de coupe-gorges.

— Moi qui ne viens que de Toulouse, madame, dit le président, je n'ai pas trouvé de meilleurs chemins, je vous assure. Qui donc nous créera enfin une route praticable, entre mon pays et le vôtre, madame ? celui-là sera salué par les bénédictions de tout un peuple.

— Qui sait ? répondit, avec son fin sourire de provençale, la marquise de Mirabeau, qui sait, nous allons peut-être le baptiser aujourd'hui, celui-là.

La conversation fut amenée ainsi sur l'acteur principal de la journée qui commençait : on s'informa du poupon et, malgré les plus vives instances, Mme de Riquet ne consentit pas à le laisser voir.

— Songez donc, disait-elle, le pauvre enfantelet, on ne l'habillera qu'au moment de la cérémonie. Il sera temps alors de le présenter à sa famille et de lui faire effectuer sa présentation officielle dans le monde.

En ce moment, les valets, ouvrant toutes grandes les portes de la salle du festin, annoncèrent que le dîner était servi (car alors on dînait à dix heures).

Chacun prit sa femme par la main, et les dames toutes raides dans leur corps de velours et leur vertugadin, faisaient de grandes révérences à leur cavalier, avant de prendre place.

Le dîner fut magnifique et si long !

Quinze services se succédant, à la mode de ce temps en Languedoc.

On commençait par des potages, on suivait l'ordre ordinaire, et quand le dîner semblait achevé, moins le dessert, on recommençait à servir les potages, les entrées, les rôts et cela ainsi jusqu'à trois fois.

Quand enfin on daigna apporter le fruit, les compotes, les
confitures et les bonbons, il y avait quatre heures que les
invités étaient à table.

Les vins de Roussillon avaient enflammé ces cervelles

VUE DE B...

méridionales, et la plus franche gaieté animait tous les
convives.

Peu à peu, tout le monde parla à la fois. Les hommes cau-
saient de leurs chasses, du revent de leurs terres ; mais ce

qui primait toujours comme un refrain, c'étaient des plaintes sur le mauvais entretien des routes soit communales, soit royales, c'est-à-dire appartenant à l'État; et sur le peu de sécurité des unes et des autres.

— Enfin, c'est à un point, dit messire de Riquet, que pour aller seulement à Revel, nous sommes obligés de partir en troupe avec des amis ! Aussi je ne saurais trop exprimer ma reconnaissance au président et à mes cousins Riquetti d'avoir bravé la poussière, les fondrières et les voleurs pour venir jusqu'à nous.

— J'ai entendu souvent mon père assurer que dans la haute Italie, où nous avons encore des parents, les chemins de communications sont bien plus faciles, dit le marquis de Mirabeau. Un artiste célèbre, un peintre de talent, qui était en même temps un ingénieur de mérite, Léonard de Vinci, a refait dans ce pays les travaux hydrauliques des anciens Romains. Il a construit des canaux, des aqueducs qui amènent l'eau des montagnes. En facilitant les transports, il a donné à toute cette contrée une grande richesse en même temps qu'une grande fertilité.

— Vive Dieu ! c'était un grand homme, s'écria messire de Riquet. Je souhaite que mon fils lui ressemble.

— Qui sait? répondit encore la marquise.

— N'êtes-vous pas un peu italien, monsieur le marquis, demanda le président.

— D'origine, oui, monsieur le président, et messire de Riquet aussi.

— Vous plairait-il nous dire comment ?

— Volontiers ; nous descendons tous deux d'un noble Florentin nommé Gherardo Arrighetti, banni de Florence par les Guelfes en 1268. Arrighetti vint s'établir en Provence avec sa famille. Son petit-fils, Pierre, fut premier consul de la Seyne, et, dans l'acte qui en fut dressé, on le nomma Riquetti pour Arrighetti. Antoine Riquetti, sixième du nom, mort en 1508, eut sept enfants. L'aîné, Honoré, fut l'auteur de la branche des marquis de Mirabeau à laquelle j'appartiens. Le quatrième fils, Régnier, se maria en Languedoc, s'y établit, et francisant son nom, s'appela Riquet de Bonrepos. C'était votre grand père, mon cousin, acheva le marquis, saluant courtoisement son parent.

— Riquetti ou Riquet; marquis de Mirabeau, ou seigneurs de Bonrepos, j'espère, cousin, que nos petits-fils ne laisseront pas tomber ce vieux nom, répondit gravement messire de Riquet.

Les cloches de la cathédrale sonnaient à toute volée, depuis quelques instants.

Mme de Riquet, qui s'était éclipsée, reparut, escortant triomphalement le personnage important du baptême.

Le poupon, porté par une robuste paysanne comme elle aurait tenu un vase de verre précieux, était si pomponné, si serré dans sa longue robe, si enseveli sous les rubans, si emmailloté dans ses langes, qu'il était littéralement cramoisi de chaleur et d'impatience.

Il serrait ses petits poings, fronçait le nez et manifestait sa mauvaise humeur par des grognements expressifs.

Il fut remis entre les mains de la marquise, qui le baisa, lui prédisant, comme souhait de marraine, qu'un jour il rendrait illustre le nom de Riquet.

Puis le cortège se forma pour se rendre solennellement à l'église, où fut baptisé le fils de messire de Riquet.

C'est ce Pierre-Paul de Riquet qui, soixante ans plus tard, créait le Canal du Midi, une des plus grandes œuvres du XVIIe siècle.

Il y a des hommes dont la vie s'illustre par une seule action. Lorsqu'elle est grande et utile à l'humanité, cette action suffit à leur assurer dans l'avenir un nom qui bravera l'oubli et l'indifférence de la postérité. Et si leurs descendants ont le droit d'être fiers de la gloire de leur ancêtre, n'est-ce pas un bonheur et un devoir de faire connaître à ceux qui nous suivent les œuvres de ces hommes célèbres de notre pays, et d'exciter ainsi, dans les jeunes cœurs, les sentiments de nobleé mulation qui font les grands citoyens.

C'est dans l'espoir de rendre populaire cette grande figure de Pierre-Paul Riquet de Bonrepos, que nous avons écrit ce livre, bien modeste, mais que nous croyons utile.

CHAPITRE DEUXIÈME

Des flancs granitiques et des antiques forêts de la montagne Noire, qui va s'abaissant par le coteau de Saint-Félix jusqu'au col de Naurouze, la vue embrasse une étendue considérable.

Ce sont d'abord les petits sentiers des chevriers qui descendent aux rochers de Naurouze ; puis les cultures de seigle et les beaux pâturages qui entourent les villages de Bonrepos et de Mont-Ferrand, nichés tous deux sur les derniers mamelons de la montagne ; puis enfin la riche et fertile plaine qui fait une ceinture luxuriante à la petite ville de Revel. A quelque distance de ces pierres de Naurouze, immenses roches de granit presque noires, qui semblent, posées debout en travers de la montagne, les génies de ce lieu sauvage, immobilisés par un brusque enchantement, le paysage s'adoucit ; de sévère et grandiose, il se fait tout-à-coup idyllique ; le contraste est saisissant :

Là un entassement de blocs monstrueux, de coulées de

lave, d'aiguilles de granit se mêlant s'enchevêtrant dans un désordre singulier, semble défendre l'accès de la montagne. Ici, sous un couvert de hêtres et de châtaigniers, bruit la fontaine de la Grave. D'un tertre moussu, sort une fraîche source qui s'épanche dans un bassin naturel ; les bords sont garnis d'une herbe fine et fournie, douce aux pieds comme du velours. Le jour où nous reprenons ce récit, au printemps de l'année 1659, le soleil, filtrant à travers les branches, faisait scintiller entre les verts cressons et les nénuphars laiteux quelques diamants de cette eau tranquille et ignorée. Le chant d'une rainette troublait seul le profond silence de ce joli coin de forêt.

Un homme assis sur la mousse du tertre regardait, sans la voir, l'eau couler à ses pieds. Il paraissait perdu dans une réflexion profonde ; le sourcil froncé par une contention d'esprit qui lui enlevait la perception des choses extérieures, il ne voyait rien, n'entendait rien, ne sentait rien que sa pensée qui bouillonnait en lui-même.

Il était de taille haute, un peu lourde ; le visage ovale avait un grand air de noblesse et de bonté ; les yeux noirs, largement ouverts, étaient profonds et doux. Le nez un peu fort s'attachait puissamment à un front développé, aux tempes renflées des prodigues ou des aventureux. Une fine moustache noire à peine indiquée estompait des lèvres légèrement épaisses, mais bien dessinées. Son menton rond avait, au milieu, cette fossette, signe ordinaire d'une volonté opiniâtre. Quelques rides petites et fines, cerclaient les yeux, plissaient le front de ce rêveur et donnaient seules à son mâle visage les cinquante ans qu'il avait.

Sa perruque brune, qu'il portait longue et fournie selon la mode du temps, s'étalait en boucles nombreuses sur un col de dentelles, en forme de rabat. Un grand manteau de drap gris s'attachait aux épaules et couvrait un costume de velours marron, d'une simplicité sévère et élégante. Un chapeau de feutre, orné d'un large galon, gisait à ses pieds.

Le coude sur le genou, le menton dans sa main, il restait immobile, depuis de longues heures peut-être, n'entendant même pas son cheval attaché dans le fourré qui hennissait d'impatience.

Un chant éclata brusquement sous la hêtrée : c'était une chanson naïve, dans ce patois du Languedoc, si doux à l'oreille.

Ce chant tira le penseur de sa méditation ; il murmura avec un soupir :

— Allons ! je ne trouve point.

Dérangé dans sa rêverie, il leva la tête et considéra le chanteur qui apparaissait sur la clairière.

C'était un homme d'une trentaine d'années, un pauvre homme, selon toute apparence, qui descendait de la montagne, les bras chargés de plantes médicinales.

Des chausses de toile, des bas bleus, de gros souliers, une veste de ratine, formaient tout son costume ; la tête nue, les cheveux au vent, il avait une allure franche et honnête, son visage avait le profil accentué, le nez fin en arête, les yeux vifs de l'homme du Midi.

Il fit une grande révérence en s'avançant vers la fontaine, et dit avec une familiarité respectueuse :

— Un beau temps, monsieur le baron, quoique nous soyons menacés de sécheresse. Les ruisseaux de là haut commencent à baisser, continua-t-il en désignant du geste la montagne, la fontaine est encore aussi abondante qu'en hiver.

Il déchargea sa brassée, et la mit tremper dans le bassin.

— Tu connais les sources de la montagne? lui demanda vivement celui qu'il appelait M. le baron.

— C'est un peu mon métier de les connaître, répondit le nouveau venu, je suis fontainier. Si je ne connaissais pas les fontaines naturelles alors! qui les connaitrait? dit en riant à pleines dents l'ouvrier. Je suis Pierre le fils du fontainier de Revel.

— Est-ce pour nettoyer tes fontaines, Pierre, lui demanda en souriant son interlocuteur, toutes ces plantes?

— Non, monsieur de Riquet; non, elles ne nettoyeront ni ne raccommoderont les fontaines, les pauvres; mais elles serviront peut être à guérir quelques membres foulés ou à soulager quelques malades.

— Tu es rebouteur, en même temps que fontainier, alors?

— Non plus, monsieur le baron; je me connais un peu aux plantes de mon pays et à leurs propriétés, voilà tout.

Je rêve quelquefois tout comme un autre, répondit Pierre, regardant en dessous le baron qui sourit, comprenant l'allusion. Je rêve, je cherche, et en cherchant on trouve, pas vrai ?

— Si tu as trouvé ce que tu cherchais, toi, tu es bien heureux, fit le baron avec un soupir.

— C'est que mes rêves sont modestes aussi, monsieur Riquet, dit Pierre. Je cherche seulement à être utile à ceux de nos villages qui sont trop pauvres pour consulter un médecin et trop ignorants pour se soigner eux-mêmes.

— Et moi, dit le baron de Riquet rêveusement, comme se parlant à lui-même, je cherche le moyen d'être utile à tout un peuple. Puis revenant à lui, il ajouta :

— Mais tu me connais ? paraît-il ; je ne me souviens cependant pas t'avoir jamais employé ?

— C'est vrai, jamais. Mais je sais bien qui vous êtes. Nous regardons les étoiles, nous les admirons de loin, mais il n'est pas sûr qu'elles nous voient et nous distinguent, elles ! Mes courses m'amènent souvent près de votre château de Bonrepos, ou à Mont-Ferrand, vers vos fermes de Pierre et de Paul ; partout l'on m'a parlé de la bonté du seigneur Riquet de Bonrepos, intendant du roi Louis XIV, pour ces contrées.

Pierre-Paul Riquet de Bonrepos, car c'est lui que nous retrouvons, écoutait en souriant ce paysan qui avait un air de franchise qui lui plaisait.

— Puis, monsieur de Riquet, continua Pierre, je vous

ai vu souvent depuis quelques années, là-bas, près des roches de Naurouze, prendre des mesures avec un petit compas de fer, ou rêver ainsi que vous le faisiez tout à l'heure.

— Oui, s'écria Riquet, je réfléchis, j'étudie, j'y mets tout mon esprit, et je ne trouve pas. Cependant je suis sûr que c'est possible, que j'y arriverai, mais quand? disait-il nerveusement; lorsque je serai trop vieux pour exécuter mon projet, peut être, acheva-t-il avec découragement.

— C'est donc bien difficile ce que vous cherchez? lui demanda, avec une audace respectueuse, l'ouvrier.

— Je cherche le point de partage des eaux de cette montagne, s'écria Riquet emporté par l'idée fixe qui le dominait. S'apercevant que l'artisan ouvrait de grands yeux, ne comprenant pas, il ajouta :

— Écoute, Pierre, sur les hautes montagnes, les eaux produites soit par la fonte des neiges, soit par les pluies, soit par les sources naturelles, lorsqu'elles sont trop refoulées dans le bassin qu'elles se sont creusé sourdent de terre et, se traçant un lit en suivant la pente de la montagne, descendent dans les vallées, les unes à droite, les autres à gauche, ou s'éparpillent en ruisselets et se perdent chemin faisant.

Ainsi, pour cette montagne Noire, les ruisseaux coulent à l'ouest vers la Garonne, au midi vers la Méditerranée.

Or il y a toujours un endroit, point culminant, où se réunissent les eaux et où se fait le partage. La séparation a lieu naturellement, par la distribution des pentes.

C'est ce point que je cherche ; comprends-tu ?

— Oui, monsieur Riquet, oui. Mais à quoi cela vous servirait-il de trouver ce point de partage ? demanda Pierre.

— A quoi ? à quoi ? à unir deux mers, s'écria Riquet avec orgueil.

Et comme les yeux de Pierre tout surpris interrogeaient :

— Les gens d'ici disent que je suis un rêveur, répondit-il à cette question muette. Eh bien! oui! j'ai rêvé de créer un canal qui ira s'amorçant à la Garonne aux portes de Toulouse, traversera tout notre pauvre pays si sec, si aride et ira rejoindre la mer Méditerranée par l'étang de Thau, près de Cette, créant ainsi par le fleuve et le canal une communication constante entre les deux mers.

L'eau, c'est la richesse d'un pays.

J'ai rêvé de remplacer les marais, les terrains incultes qui couvrent une partie du Languedoc par des cultures qui enrichiront cette province. J'ai rêvé d'amener l'abondance avec le commerce.

J'ai rêvé que le détroit de Gibraltar cesserait d'être un passage forcé pour les marchandises françaises, et qu'elles ne payeront plus tribut au roi d'Espagne, mais au roi de France! N'est-ce pas une grande idée, Pierre ?

— Oh! monsieur Riquet, c'est grand ce que vous voulez faire là! s'écria Pierre avec admiration. Et personne avant vous ne s'était avisé de ça ?

— Si, Pierre, si; d'autres, avant moi, avaient fait des projets de canaux, mais ces projets, mal digérés, mal compris, n'ont jamais été réalisés.

Sous le roi Charles IX, sous Henri IV aussi, — mon père m'en parlait souvent, — un ingénieur voulait faire un canal de quatorze lieues seulement pour unir la Garonne à la rivière de l'Aude. Il y a quelques années, en 1634, Pierre Petit proposait de creuser un canal à travers la plaine de Revel, en coupant la montagne au col de Graissens, au point où les eaux s'en vont les unes à Narbonne, les autres à Bordeaux.

Moi, je comprends autrement ce vaste et magnifique projet. Je veux créer un canal d'une étendue de soixante lieues qui unisse directement l'Océan à la Méditerranée.

— Oui, je comprends, disait Pierre, ce grand chemin par eau donnera le mouvement et la vie à toutes ces contrées où le commerce est nul, faute de débouché; il fera revivre l'agriculture qui languit faute d'eau sur certains points, par trop de marais stagnants sur d'autres, et puis vous supprimez le hasard des trajets par mer, et forcez les transports par terre, toujours si coûteux, à abaisser leurs prix pour soutenir la concurence!

— Mon canal, dit Riquet, rendra tout facile. On paiera tant par quintal de marchandises embarquées. Ce droit serait donc perçu avec équité, puisqu'il le serait d'après les quantités transportées.

— Oh! monsieur le baron, cherchez encore, s'écria Pierre, cherchez ce point de partage, c'est si beau, votre projet!

— Je trouverai, dit Riquet, retombant dans ses pensées.

Pierre ne voulut pas le troubler davantage, il s'agenouilla devant le petit bassin pour y reprendre ses plantes et s'éloigner sans bruit.

Riquet le regardait faire distrairement, sans plus parler.

La petite source de la Grave coulait du tertre à flots pressés ; depuis quelques instants, le bassin débordait sur l'herbe à leurs pieds.

Tout à coup l'eau se sépara visiblement en deux petites rigoles qui coulèrent l'une d'un côté du versant de la montagne et l'autre du côté opposé, suivant naturellement la pente qu'elles côtoyaient.

— J'ai trouvé s'écria Riquet, se levant d'un bond ; regarde, Pierre, voici le point de partage, fit-il, montrant à l'ouvrier d'un doigt tremblant les filets d'eau.

Puis il se tut, immobile, réfléchissant.

Pierre considérait le penseur sans oser l'interroger davantage.

— Tu m'as dit, demanda Riquet sortant brusquement de sa rêverie, que tu connaissais tous les détours de la montagne et les sources ou ruisseaux qui en découlent ?

— Oui, monsieur Riquet, depuis mon enfance, je cours dans ces bois, il n'est pas un coin qui me soit inconnu.

— Veux-tu me servir de guide ? Voyons, ta fortune est là peut-être ?

— La fortune, fit l'ouvrier insouciant, en haussant les épaules et riant ; on dit qu'il faut l'attendre chez soi, j'ai toujours trop aimé courir pour la rencontrer; mais je vous suivrai, monsieur Riquet, sans l'espoir de saisir son cheveu qui me glisserait entre les doigts. Je vous guiderai avec bonheur, continua sérieusement l'ouvrier, je vous suivrai toujours, je suis si heureux que vous vouliez bien m'associer à une si grande œuvre.

— Eh bien! ami Pierre, dit Riquet joyeusement, partons, retournons à Bonrepos, je compte sur toi, tu ne me quittes plus. A bientôt notre première excursion dans la montagne Noire. Au revoir, petite source, d'où sortira mon canal!

CHAPITRE TROISIÈME

Riquet suivi de son disciple descendit de la montagne.

Aussitôt arrivé à Bonrepos, il s'occupa activement des préparatifs de son excursion. Il désirait la faire dans les conditions les plus simples, afin de n'être embarrassé par rien, ni par personne.

Il voulut n'emmener que Pierre comme guide et un seul domestique pour prendre soin des chevaux et de la mule chargée des provisions.

— Un cheval pour moi, monsieur Riquet! s'écria Pierre, lorsqu'il apprit ce projet. Moi à cheval! continuait-il indigné, c'est faire injure à mes jambes que de les croire incapables de vous suivre, de vous précéder, vous et votre monture! moi à cheval, mais je le fatiguerai votre cheval, vous le verrez, il demandera grâce, je vous l'assure.

— Ne te fâche pas, il sera fait comme tu voudras. Ne me rends pas fourbu mon cheval, c'est tout ce que je te demande, lui répondit en riant Riquet, qui, connaissant cette race de coureurs montagnards, laissa faire à l'artisan ce qui lui plaisait.

Riquet se trouvait seul en ce moment au château de Bonrepos. Sa femme et ses filles, encore au couvent et toutes jeunes fillettes, ne devaient venir l'y rejoindre que quelques jours plus tard, à l'occasion d'une visite que monseigneur d'Anglure, archevêque de Toulouse, leur ami, leur avait promis de faire pendant quelques jours à Bonrepos, au cours d'une tournée pastorale.

Le fils aîné de Riquet, Jean-Mathias, qui venait de se marier à mademoiselle Louise de Broglie, habitait Toulouse où il était conseiller au parlement, et son second fils, Pierre-Paul, suivait dans cette même ville, à l'Académie, les cours militaires d'élèves-officiers.

Libre de lui-même, Riquet résolut de commencer de suite ses recherches, et le lendemain, les préparatifs terminés, on se mettait en route.

Le jour naissait à peine, lorsqu'ils quittèrent Bonrepos.

Pierre, en avant, une couverture roulée sur l'épaule, marchait de ce pas élastique et léger du montagnard.

Riquet suivait à cheval, ainsi que le laquais.

Chemin faisant, Riquet s'enquit, auprès de son guide, des ruisseaux qui prenaient leur source dans la montagne.

— J'ai déjà relevé quelques niveaux des eaux, mais aujourd'hui je veux me rendre compte de leur source, de leur cours et déterminer le lieu où devront commencer mes rigoles.

— Nous irons d'abord dîner vers Naurouze, monsieur de

MONUMENT DE NAUROUSE

3

Riquet, puis nous grimperons jusqu'au bois de Ramondens, dans lequel vous pourrez commencer votre travail. Mais permettez moi une question? Vous voulez donc réunir en un seul tous ces cours d'eaux qui s'éparpillent et se perdent ici.

— Certainement, je veux creuser une rigole ou plutôt deux rigoles qui recevront sur leur parcours tous les ruisseaux, et les amèneront à la fontaine de la Grave, où se fera le partage pour les deux versants.

Vois-tu, Pierre, le point important maintenant est d'avoir de l'eau en quantité suffisante pour alimenter un canal.

Il faut donc être bien sûr de la capacité de chaque ruisseau, de ce qu'il peut donner en hiver, et de ce que lui ôtera la sécheresse.

— Mais alors, en sécheresse, comment ferez-vous? monsieur de Riquet, les ruisseaux ne fournissant que peu, et même quelquefois pas du tout d'eau, repartit Pierre, déjà inquiet.

— J'ai songé à tout cela Pierre, répliqua Riquet.

Tu ne sais pas que, sous le tertre d'où jaillit la source de la Grave, il y a une espèce de puits naturel qui contient ordinairement au moins dix pieds cubes d'eau. As-tu remarqué que derrière ce tertre, élevé de vingt-cinq toises au-dessus de la Garonne, se trouve un terre-plein assez large pour pouvoir y creuser un grand bassin et un canal de communication entre les deux versants? Or j'établirai là un réservoir dans lequel j'accumulerai le trop plein des eaux d'hiver. Ce sera la réserve contre les chômages forcés de l'été.

— Oh! je comprends, messire Riquet, je comprends maintenant, mais je vous avoue que cette sécheresse m'avait effrayé; et, depuis hier que j'y pensais, sans oser vous le dire, j'en avais la cervelle brouillée.

Vers midi, après s'être reposés à Naurouze, ils atteignirent les bois de Ramondens à deux cent vingt-huit toises et demie[1] au-dessus de la fontaine de la Grave.

Ils traversèrent d'abord une vaste châtaigneraie sous laquelle de nombreux troupeaux paissaient l'herbe fine et drue; puis les flancs granitiques de la vieille montagne semblèrent se soulever et percer la mince couche de terre qui les recouvrait.

Des chênes énormes et vigoureux, paraissant sortir du granit même, succédèrent aux hêtres et aux châtaigniers; une sorte de genêt, à la fleur couleur d'or pâle, illuminait cette sombre verdure.

Quelques bûcherons et quelques misérables femmes, leurs compagnes, arrachaient avec peine d'entre les roches les arbustes qu'une parcelle de terre suffisait à faire vivre. Ils saluèrent tous Pierre d'un sourire ou d'un souhait.

— Ce sont mes clients ordinaires, dit Pierre à son maître, avec complaisance. A celui-là j'ai remis en place une épaule démise, à celle-ci un pied foulé. Ah! les pauvres gens! messire Riquet, trop ignorants pour faire autre chose que ces fagots de genêts qu'ils vont vendre aux boulangers pour

____

1. A 1368 pieds, ou 457 mètres.

chauffer les fours, et trop pauvres pour jamais sortir de leur ignorance et de leur misère! Est-ce que notre canal (il disait notre canal maintenant) ne fera rien pour eux?

Riquet jeta un long regard de commisération sur ces pauvres êtres qui, à peine vêtus, la face hagarde et plombée, regardaient de cet œil étonné et indifférent de la bête de somme ce seigneur de Bonrepos, qu'ils connaissaient de vue.

Que leur importait qu'il vînt parmi eux? que leur importait ce qu'il y venait chercher? en pouvait-il sortir un allègement à leur triste condition?

— Notre canal, Pierre, répondit Riquet, doit mettre fin à leurs souffrances. Ils y trouveront tous du travail, d'abord pour les terrassements, et plus tard le commerce leur apportera un peu de bien-être.

Riquet et ses compagnons arrivèrent enfin après une montée périlleuse à la source de la petite rivière d'Alzau.

Là, sous de grands arbres touffus, sourdait un petit filet d'eau claire, qui, bientôt, à quelques mètres plus loin, se faisait bouillonnante et affectait des airs ravageurs de torrent écumeux.

Riquet en suivit le cours à pied, à travers les roches, et les précipices souvent coupés à pic.

Il faisait ses calculs, prenait ses niveaux, marchant quelquefois dans l'eau jusqu'à la ceinture, indifférent à tout, oubliant tout devant l'idée qui le dominait.

Il était si fort absorbé par sa pensée, en suivant le bord de la petite rivière, qu'il ne vit pas que son cours s'interrompait brusquement, qu'elle disparaissait, en faisant un saut de quinze pieds. Riquet avançait toujours, prenant des notes. Soudain Pierre, qui le suivait, s'aperçut du danger; en deux bonds il fut sur lui, le saisit par les épaules et le renversa en arrière sur la mousse. Il était temps !

Un pied levé, Riquet était déjà suspendu au-dessus du précipice.

— Ah cadédis ! messire Riquet, s'écria Pierre, tout pâle, voilà une chute qui nous eût coûté cher à nous autres Languedociens ! Et votre canal !

— Tu feras bien d'y veiller, Pierre, répondit Riquet se relevant tranquillement. Puis il ajouta avec bonté : — Merci, mon brave garçon, voilà le lien qui nous attache à jamais l'un à l'autre.

Et serrant dans les siennes la main de son humble compagnon, il reprit :

— Nous ne nous quitterons plus désormais, n'est-ce pas, Pierre ?

— Oh ! messire Riquet, répondit Pierre ému, il n'était pas nécessaire que vous le disiez. Allez, je me suis donné à vous, je ne sais pas me reprendre, et nous ferons le canal ensemble.

— Alors travaillons-y, conclut Riquet ; et, les deux hommes reprirent leur marche.

La nuit arrivait.

Pierre fit observer respectueusement à son maître que l'on mourait de faim tout simplement ; depuis le matin on n'avait rien pris.

Riquet, quittant à regret son travail, revint vers l'endroit choisi pour la couchée, où le domestique les attendait et avait préparé un souper froid.

Le repas terminé, Riquet s'étendit au pied d'un chêne, roulé dans son manteau, et s'endormit de ce bon sommeil du travailleur et de l'enfant.

Le lendemain et les jours suivants les mêmes travaux se poursuivirent, tantôt sur les rives du Bernassonne et du Lampy, tantôt sur le Rieutord impétueux, tous affluents du Fresquet.

Riquet résolut de ne faire qu'une rivière de ces quatre torrents, de les détourner et de les dériver jusque dans la rivière du Sor.

Il redescendit ensuite la montagne jusqu'à Revel en contournant cette dernière rivière, et se convainquit qu'il faudrait, par une puissante digue, élever les eaux du Sor jusqu'au Rieutord pour les amener à un col de la montagne, creuser un passage, redescendre à Durfort, et de là, enfin, au point de partage, à la fontaine de la Grave.

Il fit sur les lieux des dessins, et des plans informes, propres à fixer ses souvenirs.

— Je ferai refaire tout cela, disait-il, je ne suis pas un ingénieur, moi : mais j'ai mon canal dans la tête, il faudra bien qu'il en sorte.

Pierre, plein d'admiration, l'écoutait, l'aidait de toutes ses forces ; l'esprit vif et ouvert, il comprenait à demi-mot, et il était suffisamment instruit des choses hydrauliques pour lui être utile.

Enfin Riquet rentra à Bonrepos.

— Pierre, dit-il aussitôt arrivé, nous allons maintenant construire à nous deux mon canal.

Et comme Pierre, légèrement ahuri par cette proposition, le regardait, Riquet ajouta en riant :

— Un canal en miniature seulement, ici, dans le parc. Tu feras commencer les terrassements, là, derrière la grande allée couverte, les jardiniers sont à tes ordres. Quelques pieds de largeur, tu entends.

— Mais, messire Riquet, vous allez construire une digue en petit, je le veux bien, mais enfin, une digue, nous ne savons pas comment c'est fait.

— Nous allons l'apprendre, Pierre, répondit Riquet. Dans la vie, vois-tu, il faut vouloir d'abord, et savoir apprendre ensuite : c'est là le grand secret pour réussir.

CHAPITRE QUATRIÈME

Tandis que Pierre commençait les terrassements du canal en miniature dans le parc de Bonrepos, Riquet repartait à cheval; il allait vers Béziers et la Méditerranée, vérifier ses notes antérieures, puis il revint suivant toujours la ligne imaginaire de son canal jusqu'à Toulouse, pour y chercher sa femme, ses filles, et son fils cadet. Après deux mois d'absence, il les ramena avec lui à Bonrepos.

Alors, sur ses indications, les maçons que Pierre avait embauchés se mirent à l'œuvre. Riquet qui lisait tous les livres spéciaux, qui s'enquérait partout, leur fit construire une écluse qui fonctionnait fort bien, ensuite un modèle du bassin de la Grave, puis des digues, des ponts aqueducs sur lesquels l'eau passait.

A moitié de son parcours, le canal fut tout à coup arrêté par un monticule de deux mètres de haut sur lequel Riquet avait absolument voulu diriger son tracé, prétendant que l'on trouverait une montagne en travers du canal dans les environs de Narbonne.

Pierre regimbait contre cette idée :

— Mais, messire Riquet, disait-il, si nous dérivions le canal à gauche, là, vers ces giroflées, nous éviterions ainsi cette montagne.

— Je te dis, entêté, que je ne la puis éviter. Mon canal doit passer au travers et pas ailleurs. J'ai bien été forcé de le reconnaître, à mon dernier voyage.

Comment surmonter cette difficulté? Un pont? c'est trop haut! Comment faire monter l'eau à ce niveau?

— Perce la montagne, voilà tout, répondit Riquet.

— Percer une montagne! s'écriait Pierre, comme vous y allez, messire Riquet! Comme cela est facile!

Et Pierre, qui avait pris au sérieux son travail, disait entre ces dents :

— Ah! si tu nous donnes autant de mal au naturel, que le fait ta représentation, je te ferai sauter, toi!

Le canal était presque achevé; monseigneur d'Anglure qui avait annoncé, puis retardé sa visite, n'arriva à Bonrepos que dans les premiers jours de 1660.

Mme et mesdemoiselles Riquet, lui faisant visiter le parc, voulurent l'éloigner des travaux du canal.

— Que faites-vous donc construire là? demanda l'archevêque curieusement.

— Monseigneur, répondit Riquet, ce que vous apercevez, c'est la bête noire de ma femme. Il n'est donc pas étonnant qu'elle veuille éloigner votre grandeur de ce monstre.

— Quel monstre, mon ami? reprit l'archevêque.

— Mon canal, monseigneur, qui s'achève en ce moment.

— Quel canal?

— Comment? ma femme ne vous a pas déjà parlé, pour vous prier de m'ôter ce projet de la tête? elle prétend que depuis que j'y songe, je ne m'appartiens plus, que je suis tout à ma bête. Et mesdemoiselles mes filles m'en veulent fort, j'en suis sûr, de les forcer à quitter Toulouse et leurs amies pour les enterrer à Bonrepos, toujours à cause de mon canal.

— Mon père, répondit gaiement Marie, l'aînée des jeunes filles, votre projet ne peut pas nous enterrer. A la rigueur il ne pourrait servir qu'à nous noyer.

— C'est bon, méchante, répliqua Riquet, pinçant le bout de l'oreille de sa fille. Vous l'entendez, monseigneur; eh bien! je vous fais juge de notre dispute. Et alors Riquet expliqua à l'archevêque de Toulouse, son vaste projet, il s'anima en lui détaillant les avantages, les biens immenses qui ressortiraient pour le Languedoc[1], pour la France même, de l'établissement du canal qu'il rêvait.

L'archevêque écoutait : — Oui, dit-il enfin, c'est grand, c'est utile, il faut en écrire au roi, en parler à son ministre, à M. de Colbert. L'avez-vous fait déjà?

— Hélas non, monseigneur. Il faudrait joindre à ma lettre des plans explicatifs, et si je comprends mon œuvre, si

1. L'ancienne province du Languedoc comprenait tout le pays qui forme aujourd'hui les départements de l'Ardèche du Gard, de l'Hérault, de l'Aude, de l'Ariège, du Tarn et de la Haute-Garonne.

elle est là, fit Riquet se frappant le front; je ne sais pas dresser un plan correct, moi. J'ai l'intention d'en écrire à M. Roux, un ingénieur de Toulouse que je connais.

— Mais, dit en l'interrompant monseigneur d'Anglure, j'y songe, j'ai votre affaire tout près d'ici, dans la petite ville de Revel. J'ai vu un jeune ingénieur, le fils du receveur des gabelles, je vais lui écrire tout à l'instant, le mander chez vous, je vous le présenterai ; et vos plans, à vous, exécutés, vérifiés, mis en ordre par lui, vous vous adresserez à M. de Colbert. Je me fais fort de vous obtenir une audience.

Et maintenant, M. Riquet, veuillez me montrer en détail votre canal, conclut l'archevêque.

L'on fit l'essai, devant monseigneur d'Anglure, du petit canal ; l'eau y fut lancée, les écluses, les épanchoirs, les ponts, tout fonctionnait à merveille. — Voilà un petit canal qui deviendra grand, dit l'archevêque enchanté de ce qu'il voyait.

— Oui, pourvu que vous lui prêtiez assistance, monseigneur, répondit Riquet.

François Andréossy, l'ingénieur qui habitait en ce moment Revel, chez ses parents, était encore un tout jeune homme; il était né en 1633 et n'avait par conséquent que vingt-sept ans, lorsqu'il fut présenté à Riquet. Il avait fait ses études à Paris où il était né.

Alors seulement les mathématiques commençaient à n'être plus tenues en suspicion. Descartes et Fermat venaient de leur conférer leurs titres de noblesse, et de jeter les fondements de cette méthode d'analyse qui, depuis, est devenue le point de départ de toutes nos connaissances positives, et a donné l'essor à tant d'hommes de génie.

A la fin de ses études, à vingt-cinq ans, le jeune Andréossy dut aller en Italie pour recueillir la succession d'une tante, Claire Massei, femme de Jules Andréossy, sénateur de la république de Lucques. Il en profita pour parcourir en tous sens le Milanais et le Padouan, en étudiant justement les travaux hydrauliques auxquels il s'intéressait particulièrement. Il avait vu les écluses de Léonard de Vinci pour la jonction des canaux de l'Adda et du Tesin, il en avait rapporté des plans pris sur les lieux; aussi demeura-t-il saisi d'étonnement lorsqu'il vit à Bonrepos la petite écluse que Riquet, sans notions autres que celles puisées dans les livres, avait fait établir dans son canal en miniature.

François Andréossy était un jeune homme maigre et brun, petit et bien pris dans sa taille; l'œil était sombre, profondément enfoncé sous l'arcade sourcilière; le regard très noir était un peu fuyant.

Il parlait bien, avec calme, s'observant beaucoup et observant encore davantage les autres.

Il connaissait à fond les quetions dont Riquet l'entretenait; par la clarté de ces idées, la perspicacité de ses vues, il résolvait des problèmes qui paraissaient insolubles.

Aussitôt après le départ de monseigneur d'Anglure, Riquet l'installa définitivement à Bonrepos; il se l'attacha en qualité d'ingénieur, pour le grand travail qu'il méditait.

Andréossy s'ingénia à plaire à tout le monde au château, fut aimable, rempli d'attentions pour Mme Riquet et ses filles, se fit gai compagnon avec Paul de Bonrepos, le fils cadet du maître du logis, et plein de déférences pour Riquet lui-même.

D'ailleurs celui-ci comprit de suite la haute valeur du jeune ingénieur, l'apprécia, et n'hésita pas à lui confier outre l'ensemble de son projet, une partie de ses plans, qu'Andréossy se chargea de dresser et de mettre au net.

Plus tard même, en visitant le tracé de Riquet, il releva des erreurs de calcul, fit admettre des rectifications de passage et réforma les points défectueux.

Malgré les grâces déployées par Andréossy auprès de Mme Riquet, celle-ci ne l'aimait point.

— Vous en direz ce que vous voudrez, répétait-elle à son mari qui la gourmandait de l'indifférence, presque de l'hostilité qu'elle montrait au jeune homme, vous en direz ce que vous voudrez, il ne me plaît pas, à moi, votre Lucquois. Il a du talent, soit; il fait des plans qui sont superbes, tant mieux; mais croyez moi, défiez-vous de lui. Il a une figure de faux témoin; voilà mon opinion.

— Vous n'aimez rien de ce qui touche à mon canal, disait Riquet en riant. C'est une prévention indéracinable. Ce garçon est charmant, vous n'y connaissez rien.

— Vous verrez si je me trompe. Quant à votre canal, il ne m'en chaut guère, vous ne le ferez point.

— Pourquoi?

— Et l'argent ?

— Le roi m'en donnera, les États de Languedoc m'en fourniront.

— Ouais ! vous les connaissez peu, ces messieurs de Toulouse, si vous croyez qu'ils vont ainsi jeter à l'eau leur argent.

— Eh bien ! dit Riquet, si le roi et les états me refusent leur concours, je le ferai seul, avec ma fortune.

— Mais tout ce que vous possédez y passera, monsieur, s'écria sa femme épouvantée.

— Qu'importe ma fortune ! qu'elle s'engloutisse dans mon œuvre, si je crée une chose utile ! Mais, ma mie, ne vous effrayez pas d'avance, rien n'est encore décidé. Quant au mode de paiement, j'agirai, soyez-en sûre, avec prudence.

— Vous êtes le maître, monsieur, lui répondit sa femme. Seulement ne creusez pas un canal pour nous noyer tous.

Satisfaite de son innocente plaisanterie, elle lui tendit la main que son mari baisa galamment en lui disant :

— Ma mie, je sais nager et je m'engage à vous sauver.

A la fin de l'automne, Riquet reconduisit sa femme à Toulouse, ses filles au couvent et son fils à l'Académie. Puis ses affaires financières expédiées, il revint à Bonrepos, allant de là tantôt à Revel, tantôt à Béziers et jusque dans le midi, vers l'étang de Thau, accompagné par Andréossy.

Ils firent faire sous leurs yeux des nivellements par Pierre qui ne quittait jamais Riquet.

Riquet s'occupa ainsi pendant deux années de l'exécution de son projet, s'entendit avec des entrepreneurs pour les maçonneries, avec des usiniers pour les fers dont il aurait besoin, fit des devis, se rendit compte des moindres dépenses qu'il faudrait faire; et, alors seulement, il revint à Toulouse voir monseigneur d'Anglure.

— J'ai travaillé pour la vérification du canal avec tant de soin, dit-il à l'archevêque, qu'à cette heure, j'en puis parler avec certitude, et vous annoncer en toute vérité que la chose est sûre; j'ai passé partout, le niveau et le compas à la main. Je vous apporte aujourd'hui les plans et devis, jugez-en, monseigneur.

— Il faut écrire à M. de Colbert, lui répondit l'archevêque de Toulouse. Je vais en faire autant de mon côté, et si la réponse tarde, vous partirez pour Paris, et il faudra que le ministre vous écoute.

Riquet adressa alors à Colbert cette première lettre si simple, et qui résume si bien son projet[1].

Du village de Bonrepos.

Monseigneur,

« Je vous écris de ce village sur le sujet d'un canal qui pourrait se faire en Languedoc, pour la communication des deux mers. Vous vous étonnerez que j'entreprenne de parler d'une chose qu'apparemment je ne connais pas,

1. Voir correspondance de Colbert.

et qu'un homme de finances se mesle de nivelage; mais vous excuserez mon entreprise, lorsque vous saurez que c'est d'ordre de monseigneur de Toulouse que je vous écris.

» Jusqu'à ce jour on n'avait pensé aux rivières propres à servir, ni su trouver des routes aysées pour le canal, car celles qu'on s'était imaginées étaient avec des obstacles insurmontables de rétrogadations de rivières, et de machines pour élever les eaux. Aussy croyez que ces difficultés ont toujours causé le dégoût et reculé l'exécution de l'ouvrage; mais aujourd'hui, monseigneur, qu'on trouve des rivières qui peuvent être aysément détournées de leur ancien lit, et conduites dans ce nouveau canal toutes les difficultés cessent, excepté celle de trouver un fond pour subvenir aux frais du travail. Vous avez pour cela mille moyens, monseigneur, et je vous en présente encore deux, dans mes mémoires cy-joint, afin de vous porter plus facilement à cet ouvrage que vous jugerez très avantageux au roi et à son peuple. »

Puis Riquet énumérait les avantages qui devaient résulter pour le commerce de l'établissement du canal et il terminait ainsi :

« Que si j'apprends que ce dessein vous doive plaire, je vous l'enverrai figuré, avec le nombre des écluses qu'il conviendra de faire, et les calculs exacts des toises du dit canal, soit en longueur, soit en largeur, etc., etc. »

Le 26 novembre 1662, Riquet envoyait sa lettre au ministre de Louis XIV.

CHAPITRE CINQUIÈME

Riquet attendit vainement une réponse durant six mois. Inquiet, ne sachant que penser d'un silence qui lui paraissait intolérable, il recourut encore à monseigneur d'Anglure, et alla lui faire part de ses angoisses.

— Eh bien! mon cher Riquet, avez-vous enfin une réponse? lui demanda l'archevêque, lorsqu'il entra.

— Hélas! non, monseigneur, aussi vous avouerai-je que je commence à perdre patience, répondit Riquet vivement. Mon projet n'aurait-il pas été goûté du ministre? je ne puis le croire.

Je suis tenace, je n'abandonnerai pas facilement une œuvre que je crois utile au bien du pays.

Votre grandeur est convaincue aussi de son utilité, n'est-ce pas, monseigneur?

Peut-être M. de Colbert n'a-t-il pas même lu ma lettre? Faut-il aller à Paris? J'en ai grande envie.

Vous m'avez promis une recommandation, monseigneur. Voulez-vous toujours me la donner? acheva Riquet.

— Je ferai mieux, mon cher Riquet, répondit l'archevêque, je vous accompagnerai à Paris, je vous présenterai moi-même. Donnez-moi huit jours, pour mettre ordre aux affaires de mon diocèse en mon absence. Ne vous occupez de rien, je vous emmène; mon carosse est large, nous y serons fort à l'aise pour ce trajet qui n'est pas un petit voyage.

Au jour dit, les deux voyageurs se mirent en route, et bientôt arrivèrent sans encombre à Paris.

Un matin, quelques jours après leur arrivée, monseigneur d'Anglure emmena Riquet chez M. de Colbert.

On les fit entrer dans un vaste salon déjà presque rempli de solliciteurs de tous genres et de tous rangs.

Il y avait là, des courtisans en quête d'une faveur ou d'une charge à la Cour, des employés provinciaux sollicitant une place plus lucrative, des marchands venant demander un privilège et des abbés un bénéfice.

Monseigneur d'Anglure fut salué respectueusement, les courtisans formèrent une petite cour autour de lui; tandis que Riquet, inconnu, se tenait modestement à l'écart dans l'embrasure d'une fenêtre, réfléchissant et observant les physionomies qui l'entouraient.

Un petit abbé poupin, à la tournure déjà un peu épaisse, frisé et pomponné à merveille causait en ce moment avec monseigneur de Toulouse, et, debout devant lui, répondait en tournant son chapeau entre ses doigts.

— Que sollicitez-vous donc du contrôleur général, monsieur l'abbé de Choisy, lui demandait l'archevêque? Un nouveau bénéfice? Mais je vous croyais mal en Cour depuis certaine aventure de Poitiers?

— Oh! monseigneur, répondait l'abbé, en baissant les yeux, une si vieille histoire, personne n'y pense plus ici : on a tant d'autres bichons à friser; et relevant ses yeux bleus gais et malicieux, l'abbé ajoutait :

— Voulez-vous que je mette votre grandeur au courant de la dernière aventure arrivée à la cour?

— Non, merci, monsieur l'abbé, je vous tiens quitte; gardez-en la primeur pour vos mémoires si vous en écrivez un jour [1]. Mais, dites-moi, avez vous vu M. de Colbert depuis quelque temps? J'arrive de Toulouse et ne sais rien de ce pays-ci. De quelle humeur est-il en ce moment? Les affaires l'absorbent à ce point qu'elles influent beaucoup sur son caractère, et que son accueil s'en ressent quelquefois.

— Monseigneur, ce matin, j'ai rencontré le contrôleur général dans le jardin des Tuileries; il se rendait au conseil des ministres chez le roi, il m'a semblé avoir sa mine ordinaire.

— Cela ne me dit rien, à moi, sa mine ordinaire; quelle est elle, l'abbé? demanda l'archevêque.

— Il avait l'air d'un carlin sur la patte duquel un léopard a marché, répondit l'abbé en riant.

En ce moment les deux battants de la porte furent ouverts et un homme entra.

---

1. L'abbé de Choisy, auteur des *Mémoires sur la cour et la politique durant la jeunesse de Louis XIV.*

Les conversations cessèrent, et un grand silence accueillit son entrée.

Tout le monde se leva.

L'homme auquel s'adressaient ces marques de déférence était de taille moyenne, son visage renfrogné, ses yeux enfoncés dans leur orbite, ses sourcils noirs, épais, lui donnaient une mine austère et sombre.

Il traversa le salon sans paraître remarquer personne, un secrétaire le suivait, portant un grand sac de laine noire bondé de nombreux papiers.

Monseigneur d'Anglure se leva, au moment où il passait près de lui; ce mouvement fit retourner vers lui le nouvel arrivant.

— Ah! monsieur de Toulouse! Je ne vous savais pas ici. Puis-je vous être bon à quelque chose, monseigneur? demanda-t-il froidement, mais avec déférence.

— Oui, monsieur le contrôleur général, repartit vivement monseigneur d'Anglure, vous pouvez m'être le plus agréable du monde en écoutant attentivement un homme que je protège.

— Encore un bénéfice à donner, monseigneur? fit Colbert.

— Non, monsieur, je ne vous demande que d'écouter, et non pas de vous engager à rien avant d'avoir ouï les projets que mon protégé doit vous soumettre, et qui, j'en ai la conviction, sont dignes de tout votre intérêt.

Voulez-vous le recevoir?

— Allons je le verrai, pour vous être agréable, monseigneur. Qu'il vienne, et se présente en votre nom ; mais s'il est à Toulouse !... répondit Colbert achevant sa pensée par un geste qui semblait dire ouf ! j'ai le temps.

— Que nenni, monsieur le contrôleur, vous n'y échapperez pas, il est ici. Et faisant un signe à Riquet qui s'approcha, l'archevêque le présenta.

— Pierre-Paul Riquet, baron de Bonrepos, dit-il.

— Je suis pris, s'écria Colbert, en souriant : Que votre grandeur daigne entrer, et vous aussi, monsieur, fit-il à Riquet ; et à son tour il pénétra dans son cabinet.

Un secrétaire venait bientôt annoncer à la foule qui se pressait dans le salon d'attente que le contrôleur général ne recevait plus ce jour-là.

Jean Baptiste Colbert, contrôleur général depuis 1661, surintendant des finances depuis un an, était né en 1609 à Troyes.

Il était un simple bourgeois, fils d'un marchand de draps de cette ville, adopté par son oncle Odart Colbert, riche négociant en blés, en vins et en étoffes.

Ce dernier, comprenant la capacité de son neveu, sentit que la petite ville natale n'était pas un lieu propre à développer son génie ; aussi plaça-t-il son neveu et héritier chez deux italiens, Maseranni et Cenami, qui étaient les banquiers du cardinal Mazarin.

Les affaires personnelles, si nombreuses, si compliquées, de ce grand politique mirent à plusieurs reprises en rapport le jeune commis et le ministre qui put ainsi apprécier son esp rit

net, ferme, et profond, sa droiture inébranlable, sa persévérance et son exactitude dans ses engagements. Mazarin
s'attacha particulièrement le jeune Colbert, le fit entrer dans
ses bureaux, et Colbert fut un des hommes que Mazarin
employa le plus activement dans les dernières années de son
ministère.

Il le choisit même pour un de ses exécuteurs testamen-
taires.

Le cardinal conserva toujours, jusque pendant la maladie
dont il mourut, la direction des affaires; mais Colbert assistait à toutes les conférences.

— Sire, dit le cardinal Mazarin avant de mourir au jeune roi
qui écoutait avec déférence ses derniers avis et ses recommandations suprêmes, sire, je vous dois tout, mais je crois
m'acquitter en quelque sorte envers votre Majesté en lui donnant Colbert.

Louis XIV accepta le legs de son ministre, et Colbert hé-
rita de presque toutes les charges de son protecteur.

Du reste Mazarin ne s'était pas trompé sur la valeur et le
génie de l'homme appelé à lui succéder.

Une volonté ferme, énergique, de faire le bien, une tendance
prononcée à l'unité dans l'état et dans le gouvernement,
un amour ardent de l'égalité, autant que cela était possible
et se pouvait comprendre au XVIIe siècle, une puissance et
une passion de travail qui se manifestaient par un labeur as-
sidu de chaque jour; tels furent ses titres au pouvoir et aux
honneurs pendant sa vie, et à la gloire après sa mort.

1619 — COLBERT. — 1683

Sévère pour lui-même, il était exigeant pour ses commis ; son accueil froid et silencieux était l'effroi des solliciteurs, dit Guy-Patin [1].

Une application infinie et un désir insatiable d'apprendre lui firent, en quelque sorte, se refaire lui-même son éducation.

Il voulut, alors qu'il était ministre, apprendre le latin ; ce fut Jean Gallois, fondateur du journal des savants, qui lui enseigna cette langue.

Colbert, contrôleur général, s'intéressait à tout ce qui pouvait augmenter la grandeur de son pays. Il s'occupa d'ouvrir à la France de nouvelles sources de richesses.

La paix lui permettait alors de se livrer aux entreprises qu'il rêvait, propres à relever l'industrie et à étendre le commerce. Il appela des pays étrangers des manufacturiers les plus habiles : Van-Robais des Pays-Bas, qui fonda des fabriques de draperies fines ; Hindret, qui créa de nombreux ateliers de bonneterie.

Six ans après l'entrée de Colbert au ministère, quarante deux mille métiers fabriquaient en France de beaux draps, à la place de ces draps épais et communs que portaient nos aïeux.

Nos dentelles à Alençon, nos soieries à Lyon, nos glaces dans le nord, nos armes blanches, rivalisèrent bientôt avec les produits similaires de l'étranger, et nous n'étions plus tributaires de l'Espagne, de l'Italie et de la Hollande.

1. Médecin célèbre par sa causticité. On a de lui plusieurs traités savants.

Colbert n'oublia pas que, si l'industrie et le commerce font la fortune d'un pays, les lettres et les arts en peuvent faire la gloire. Il fonda, en 1663, l'Académie des inscriptions et belles-lettres, en 1671 l'Académie d'architecture.

Il établit l'école de Rome telle qu'elle fonctionne encore aujourd'hui.

Il éleva l'Observatoire où il appela Cassini [1]. Paris lui doit des quais, des places, la colonnade du Louvre.

En 1669, le roi ajouta à ses attributions le département de la marine avec cinquante bâtiments de guerre seulement : en 1681, la France victorieuse sur mer comptait cent quatre-vingt-dix-huit vaisseaux ou galères. Son opposition à la politique funeste de conquêtes de Louvois, le ministre de la guerre, devint une lutte de tous les instants. Colbert prévoyait sagement où nous mèneraient ces guerres, souvent injustes. Il crut de son devoir de Français, de prévenir le roi qui lui répondit, le 16 avril 1671, une lettre fort dure.

Les avertissements d'un sage sont presque toujours mal reçus, surtout d'un jeune roi que la gloire enivrait. L'influence de Colbert diminuait ; il restait ministre, mais sa position devint chaque jour plus difficile.

En 1680, il accompagna le roi dans son voyage aux Pays-Bas. Il y prit une fièvre maligne. Un médecin anglais le sauva avec du quinquina, remède très peu connu encore.

Trois ans plus tard, alors que, la France menacée de tous

______

1. Cassini, astronome célèbre.

côtés, la guerre renaissait plus acharnéc, Colbert eut une seconde atteinfe de cette fièvre. Ce ne fut pas la maladie seule
qui le terrassa et le mit au tombeau ; non, il mourut d'un mot
et d'une ingratitude.

Louis XIV achevait en même temps les grands travaux de
construction du palais de Versailles. Colbert était chargé de
solder les mémoires et d'en réviser les comptes.

Louvois surveillait ces travaux et ces dépenses avec une
attention extrême.

Il crut, ou feignit de croire que Colbert avait laissé passer,
sans le vérifier, un marché onéreux pour la grille qui ferme
la grande cour du château. Il s'empressa d'en avertir le
roi.

Lorsque Colbert présenta les comptes de serrurerie,
Louis XIV le reçut mal. Après plusieurs propos peu obli-
geants, il lui dit :

« Il y a là de la friponnerie.

— Sire, répondit Colbert, je me flatte au moins que ce
mot-là ne s'étend pas jusqu'à moi !

— Non, dit le roi, mais il fallait y avoir plus d'attention ;
et il ajouta : Si vous voulez savoir ce que c'est que l'économie,
allez en Flandre, vous verrez combien les fortifications des
places conquises ont peu coûté. »

Ce mot, cette comparaison entre lui et Louvois tuèrent cet
homme.

Il rentra, se mit au lit et ne se releva plus. Son mal se
compliqua soudain d'une attaque de foie.

Le roi le sachant fort souffrant lui écrivit et lui envoya sa lettre par un gentilhomme de sa chambre.

Colbert ne pouvait refuser de recevoir l'envoyé du roi, mais, à son approche, il feignit de dormir.

Quant à la lettre, il ne la voulut point lire.

« Je ne veux plus entendre parler du roi, dit-il. Qu'au moins, à présent, il me laisse tranquille. »

Les dernières paroles, paroles amères de ce grand caractère en face de cette ingratitude, furent :

« Si j'avais fait pour Dieu ce que j'ai fait pour cet homme-là, je serais sauvé deux fois, et je ne sais pas ce que je vais devenir. »

Il mourut dans son hôtel, rue Neuve-des-Petits-Champs, à Paris ; il mourut, ce grand ministre, haï de ses collègues que sa rigidité gênait, du roi peut-être qui ne savait pas entendre la vérité, méconnu du peuple de Paris qui le regardait comme le promoteur d'impôts établis, malgré lui, en 1672.

On lui a reproché de n'avoir pas compris toute la valeur du crédit pour la richesse française : voici sa réponse, en 1672, au président Lamoignon, d'après les avis duquel on venait de décider un emprunt.

« Vous triomphez, monsieur, dit Colbert, mais croyez-vous avoir fait l'action d'un homme de bien ? Croyez-vous que je ne susse pas comme vous qu'on pouvait trouver de l'argent à emprunter ?

» Mais connaissez-vous comme moi l'homme auquel nous avons à faire (Louis XIV), sa passion pour la représentation ?

» Voilà donc la carrière ouverte aux emprunts, et par conséquent à des dépenses et à des impôts illimités. Vous en répondrez à la nation et à la postérité ! »

Tel était l'homme intègre, passionné pour la grandeur de la France, en face duquel Riquet allait se trouver, qu'il devait persuader de l'utilité de sa gigantesque entreprise et de l'avenir qui lui était réservé.

S'il l'eût mieux connu à ce moment, il n'eût pas douté de l'intérêt puissant que ce grand ministre allait accorder à ses idées.

CHAPITRE SIXIÈME

— Avancez un fauteuil à Sa Grandeur, commanda Colbert
à son secrétaire, en entrant dans son cabinet; et tandis
que celui-ci disparaissait derrière une tapisserie, Colbert
se retourna vers Riquet, l'enveloppa d'un coup d'œil, et lui
montrant un tabouret auprès de son bureau :

— Je vous écoute, monsieur, dit-il brièvement, en s'as-
seyant lui-même.

L'air impassible du contrôleur général intimida un instant Riquet, mais, sur un regard encourageant de l'archevêque, il se remit bientôt.

— Monseigneur, répondit-il au ministre, aussi brièvement
que celui-ci l'interrogeait, j'ai trouvé le moyen de créer un
canal qui reliera les deux mers, la Méditerranée à l'Océan,
d'un côté par l'étang de Thau, de l'autre côté par la
Garonne.

— Quelle utilité, monsieur, la France y trouvera-t-elle?
demanda Colbert froidement.

— Je crée monseigneur, une grande route toujours passante, jamais embourbée ou ravalée, et je joins ainsi deux contrées qui ne se connaissent pas assez.

J'amène vers Toulouse et Bordeaux, les vins, les sels, les huiles et les savons de la Provence; j'exporte les grains du Languedoc, qui ne se vendent pas, faute de débouchés; enfin j'évite le passage en pays étrangers de marchandises françaises qui y paient un droit énorme pour revenir ensuite chez nous.

— Je comprends, dit Colbert subitement intéressé; mais les frais d'établissement seront considérables sans doute, n'est-ce pas ?

— Non, monseigneur, eu égard à la grandeur, et à l'utilité de l'œuvre; d'ailleurs voici mes plans et devis. Je me suis rendu compte de tout, et je puis vous donner le chiffre presque certain des dépenses.

Riquet étala devant le ministre ses plans, sur lesquels, Colbert suivit les explications qu'il lui donnait, faisant, de temps en temps, des objections, des remarques ou des questions qui dénotaient qu'il comprenait admirablement. Lorsque Riquet parla des rigoles.

— Mais qui me prouve que ces rigoles amèneront l'eau nécessaire au réservoir de Naurouze ? demanda vivement Colbert. Je ne veux point commencer le moindre travail inutilement.

— J'en réponds, moi, monseigneur, s'écria Riquet.

— Vous n'êtes pas ingénieur, vous, monsieur, et je ne peux me fier aux affirmations de votre employé, qui me paraît bien jeune, d'après ce que vous dites vous-même; ces rigoles coûteront fort cher; si elles ne réussissent point, j'aurai perdu l'argent sans compensation.

— Monseigneur, s'écria Riquet déjà alarmé, j'offre de faire à mes frais une rigole d'essai, je compte y dépenser deux cent mille livres.

Cela vous convaincra-t-il !

— Je prends note de cet engagement, monsieur, répondit le ministre.

Alors, se levant, il alla à monseigneur de Toulouse.

— Je remercie votre grandeur de m'avoir jugé digne de comprendre le mérite de ce projet. Et regardant Riquet, il ajouta :

— Je parlerai demain au roi, monsieur Riquet. Soyez assuré qu'il ne tiendra pas à moi, qu'il ne soit persuadé de la possibilité de ce grand dessein, dont j'aurai beaucoup de joie. Je garde vos plans, monsieur, je les soumettrai à Sa Majesté et je vous préviendrai lorsque j'aurai une bonne parole à vous donner.

Ces mots dans la bouche de ce silencieux avaient la force d'une promesse.

Riquet sortit de son audience enchanté. Un mois plus tard, monseigneur d'Anglure lui remettait de la part du ministre une convocation.

Riquet s'y rendit avec empressement.

Colbert lui annonça que le roi agréait son projet, mais qu'avant de commencer aucun travail il nommait le chevalier de Clerville, un de ses ingénieurs, pour aller se rendre compte des rigoles, puis une commission qui fonctionnerait sur les lieux afin de voir les sas, ponts et voûtes qu'il conviendrait d'établir le long du canal, et qu'après avis favorable, alors seulement, le roi permettrait de commencer les travaux.

—— Ah! monseigneur, s'écria Riquet, il était digne d'un grand ministre comme vous d'attacher son nom à une grande œuvre.

Colbert sourit, ce qui était rare, devant cet enthousiasme.

— Vous êtes du midi, dit-il en souriant, et plein du mérite de votre œuvre, tout vous paraît grand.

— Cela m'est permis, monseigneur; ma joie déborde. D'ailleurs je ne fais que dire ce que je pense de vous d'abord, monseigneur, et de mon œuvre ensuite.

— Allez, monsieur, dit Colbert en le congédiant, je presserai, autant que je pourrai, le départ du chevalier de Clerville. Préparez tout. Bonne chance, monsieur. La France et le roi vous sauront gré de votre réussite.

A peine de retour, Riquet écrivit à M. Roux, ingénieur de Toulouse, de venir le rejoindre à Bonrepos; il s'entendit de suite avec lui; il lui présenta Pierre ensuite.

— Voici un guide sûr, lui dit-il; puisque vous acceptez d'être mon coopérateur pour la création du canal, partez avec lui, et allez marquer pour monsieur de Clerville le tracé de la rigole de la montagne, depuis Durfort jusqu'à Naurouze. Quant à moi je vais à Toulouse avec Andréossy, nous mettre aux ordres de la commission qui va s'y réunir.

Le chevalier de Clerville n'arriva à Toulouse que le 21 avril 1664, malgré les lettres pressantes de Riquet et de la commission, et alors commença la vérification des rigoles.

La commission nommée par le roi et les états du Languedoc, ayant à sa tête monsieur de Bourgneuf, s'occupa avec Riquet de marquer les points où devait passer le canal. Enfin des procès-verbaux furent dressés, envoyés à Colbert, approuvés par le roi; et les travaux des commissions, commencés à Toulouse, le 1er novembre 1664, furent terminés à Béziers, le 17 janvier 1665.

La commission concluait à l'adoption du projet de Riquet.

Le chevalier de Clerville avait aussi fait un rapport de son côté, mais moins favorable que celui de la commission. Il prétendait qu'il fallait quinze ou seize bassins dans la montagne, afin que l'eau arrivât assez abondante pendant les quatre mois de sécheresse.

Riquet offrit immédiatement de commencer sa rigole d'essai.

Les travaux réussirent admirablement; malgré les avis contraires du chevalier de Clerville, qui, jaloux de Riquet, s'il ne lui fut pas constamment et ouvertement hostile, le combattit toujours sourdement par des chemins couverts et des insinuations malveillantes.

La rigole d'essai fut achevée en 1665.

Ce fut un grand triomphe pour Riquet. On vit qu'il avait

forcé, comme il le disait, les sources et rivières de la montagne à suivre un cours différent de leur cours naturel, et qu'il les avait toutes réunies à Naurouze.

En avril 1666 parut l'édit de Louis XIV, autorisant Pierre-

Cette heureuse production par
laquelle Je peus dire parlant
hiperbolle qu'a peu de fraix
Jay comblé les Valons applany
les montagnes et constraint
les eaux a m'obeyr

FRAGMENT D'UNE LETTRE DE RIQUET A COLBERT.

Paul Riquet, baron de Bonrepos et du Bois La Ville, à établir un canal en Languedoc.

Le prince de Conti, gouverneur pour le roi de la province de Languedoc, demanda alors aux États de coopérer à l'entreprise, promettant que le roi retrancherait des dépenses nécessaires ailleurs, pour y contribuer aussi de l'argent de son résor royal.

Les États refusèrent net, prétendant ne pas voir l'utilité d'une si grande dépense.

Riquet, informé immédiatement de cet arrêt inexorable par son fils Jean-Mathias, le conseiller, ne pouvait y croire.

— Quoi! messieurs des États refusent! s'écriait-il; mais quelles raisons donnent-ils?

— Pas d'autre, mon père, que celle que je vous apporte.

— Que vous avais-je dit, monsieur, s'écria sa femme? Pourquoi tant travailler, tant vous fatiguer, pour aboutir à ce refus?

— Vous m'avez prédit ce refus, c'est vrai, ma chère, répliqua Riquet; mais que vous ai-je répondu moi? Que je sacrifierais ma fortune s'il le fallait, et que mon canal se ferait.

— Rien ne vous découragera donc, monsieur? s'écria Mme Riquet.

Son mari ne répondit rien; il songeait, la tête dans ses mains, tandis que sa femme et son fils, n'osant le troubler, s'entretenaient à voix basse de ce refus si peu prévu

— J'ai trouvé, fit tout à coup Riquet.

Vous ne serez point ruinée, ma mie, ni nos enfants non plus, et je construirai mon canal. Saisissant une plume, Riquet écrivit séance tenante à Colbert.

Il lui proposait de se charger des travaux du canal moyennant la cession de toutes les terres jugées indispensables. Le canal serait érigé en fief dont les titulaires jouiraient à perpétuité.

L'offre fut acceptée par un édit du 14 octobre 1666 qui déclarait Riquet adjudicataire moyennant trois millions six cent trente mille livres, et qui instituait le fief rendu insaisissable.

De son côté, Riquet prenait l'engagement de consacrer cette somme à la construction du canal.

Le canal devait avoir une longueur de soixante lieues; avoir huit toises de largeur à la surface de l'eau, six au fond et deux toises de profondeur, en sorte qu'il y eût neuf pieds d'eau et dix-huit pieds dans les sas ou écluses, lorsqu'elles seraient pleines.

CHAPITRE SEPTIÈME

Le 15 novembre 1666, commencèrent les premiers terrassements du canal.

Riquet avait organisé ses ouvriers en plusieurs ateliers.

Chaque atelier avait un chef auquel obéissaient cinq briga-
diers, et chaque brigadier répondait de cinquante travailleurs.

Pour le paiement de tout ce monde, il nomma un contrôleur général, et, sous lui, des contrôleurs ambulants
qui recevaient des chefs d'ateliers les états des travailleurs.

Riquet commença ses travaux avec douze cents ouvriers
et cinq cents femmes. Deux ans après, le nombre des ouvriers
s'élevait à douze mille.

Pierre avait amené de la montagne Noire tous ses clients
et clientes d'autrefois.

Les femmes enchantées de ce travail qui n'était pas plus
fatiguant que d'arracher des gênets, de les fagoter, et qui
leur rapportait cent fois plus.

Elles portaient sur leur têtes de grands couffins que remplissaient de terre les terrassiers.

Pierre avait la haute main sur tout ce monde de travailleurs. Les chefs d'ateliers lui devaient rendre compte chaque semaine de la conduite des hommes et des ouvrages terminés

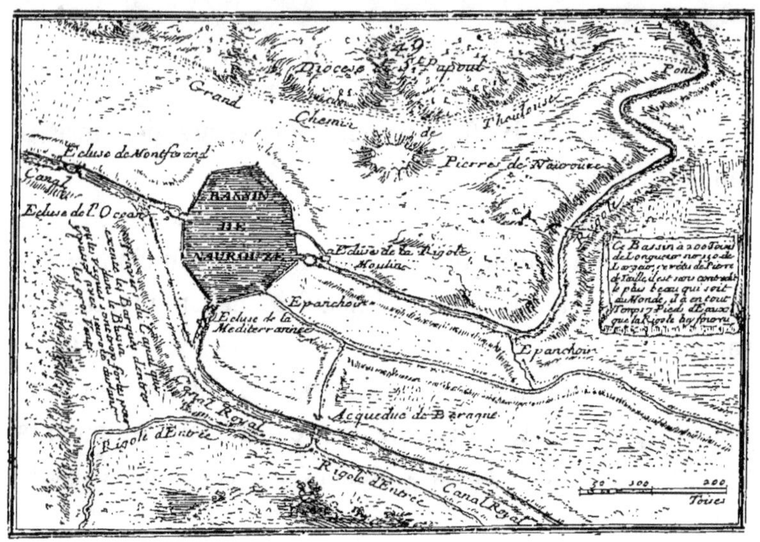

PLAN DU BASSIN DE NAUROUZE.

que monsieur Roux ou Andréossy venaient vérifier sur sa demande.

Il ne se mêlait jamais de paiement ni des réclamations aux contrôleurs, disant à Riquet :

— Je n'y entends rien, voyez-vous, monsieur Riquet, aux comptes et à tous ces embrouillages-là ; l'argent et moi, je ne sais pas ce que nous nous sommes fait, mais nous ne pouvons pas nous souffrir.

Les ouvriers, bien payés, travaillaient avec courage; aussi l'œuvre avançait-elle avec une célérité inouïe pour l'époque.

On était habitué alors à se hâter lentement; et si l'on ne mettait plus des siècles, comme au moyen-âge, pour achever une église, les années semblaient courtes pour édifier un monument.

Le temps gagnait de la valeur, mais il n'était pas encore, selon l'expression anglaise, de l'argent. Times is money (le temps c'est de l'argent), dit le proverbe anglais: au XVIIᵉ siècle ce n'était encore que du plomb.

Cependant Riquet pris d'une ardeur fiévreuse stimulait le zèle de tout ce monde d'ingénieurs, de maçons, de terrassiers, qui grouillait sur tout le parcours du canal.

— Je suis vieux, répétait-il à sa femme et à son fils, qui cherchaient à calmer son impatience; songez donc, si j'allais ne pas pouvoir terminer mon canal.

Dès le mois de juillet suivant, il écrivait à Colbert :

« Mon travail avance, de sorte que sa fin ne sera guère éloignée de son commencement, et que bien des gens seront surpris du peu de temps que j'y aurais employé. »

Malgré cette bonne volonté et cet entrain des ouvriers, des difficultés sérieuses commençaient déjà pour Riquet.

Le 15 avril 1667, on avait posé la première pierre du vaste bassin de la montagne, qui fut édifié non loin des pierres de Naurouze, en arrière de la fontaine de la Grave, dans le vallon de Vaudreuil qu'il remplit entièrement. Le nombre des ouvriers nécessaires augmentait chaque jour dans les chantiers du canal. Riquet avait presque épuisé ses ressources personnelles.

Il vendit ses fermes Pierre et Paul, son hôtel à Toulouse, sa maison natale à Béziers, et il ne garda que Bonrepos et le parc qui l'entourait.

Il restreignit autant que possible les dépenses de sa maison et fut obligé d'installer à Bonrepos sa femme et ses filles.

Malgré cette économie, sa fortune disparaissait à vue d'œil. Il comprit qu'elle ne suffirait jamais à creuser même un quart du canal et, pour obvier à ce désastre et augmenter l'argent qu'il pouvait jeter dans son entreprise, il sollicita du roi et de Colbert la ferme exclusive de toutes les fermes des gabelles de Languedoc, Roussillon et Cerdagne, pendant dix ans à commencer le premier janvier 1666.

Le Conseil d'État accepta les offres de Riquet. Le roi le nomma commissaire général des gabelles; de plus, voulant coopérer au canal et donner une leçon aux États de Languedoc, il fit compter à Riquet trois cent mille livres sur sa cassette, à la condition de les affecter uniquement au canal.

Grâce à ce secours inespéré, Riquet put continuer son œuvre sans trop d'encombres pour le présent.

MM. de Bezons et de Tubeuf, intendants du Languedoc sous le prince de Conti, faisaient de plus espérer à Riquet, que les États de Toulouse reviendraient sur leur détermination et lui accorderaient des fonds.

Riquet allait constamment de Toulouse, où se creusait la tête du canal sous les ordres d'Andréossy, au bassin de Vaudreuil, appelé définitivement Saint-Fériol, qui avançait rapidement, quoiqu'il fallût encore des années avant son achèvement et son raccord aux rigoles de la montagne.

Riquet arrivait souvent à Bonrepos à l'improviste, embrassait sa femme, ses filles, passait quelques jours heureux entre ces chères affections. Quelquefois il y trouvait sa belle-fille, la femme du fils aîné, et ses petits-enfants. C'était là qu'il recevait des nouvelles de son fils cadet, Pierre-Paul, qui suivait le roi dans la campagne de Flandre.

Riquet avait obtenu pour ce fils, en 1666, le grade d'enseigne aux gardes-françaises. En 1668, Pierre-Paul de Bonrepos, qui s'était déjà fait distinguer par sa bravoure, fut nommé capitaine sans être tenu de payer la charge.

Riquet arriva un jour à Bonrepos et annonça à sa famille qu'il comptait se reposer auprès d'elle au moins une semaine.

— Ah, tant mieux! cher papa, s'écria Marie, l'aînée de ses filles, qui était devenue une belle et grande demoiselle de dix-huit ans.

— Nous vous voyons si rarement maintenant, mon papa, s'écria la cadette câlinement. Toujours vos ouvriers, vos ingénieurs! vous les aimez, bien sûr, plus que nous, ces gens que vous ne quittez pas.

— Et votre canal, mon papa, reprit l'aînée, nous ne venons que bien loin après lui dans votre affection, il me semble?

Riquet attira ses filles áuprès de lui.

— Ne me querellez pas, dit-il, ne soyez pas jalouses, mes-demoiselles, continua-t-il en les embrassant; mon canal aussi n'est-il pas un de mes enfants? mais je ne l'aime pas mieux que vous; là, êtes-vous contentes?

— Ouais, vous l'aimez trop, monsieur Riquet, dit une voix grondeuse à ses côtés. Vit-on jamais un homme si pas-sionné pour une machine comme ça?

Riquet se retourna à cette apostrophe, et vit sa femme qui, assise, tricotait en marquant par des hochements de tête significatifs toute son indignation.

— Prenez garde, vous laissez tomber vos mailles, ma mie, dit son mari riant et feignant de ne pas comprendre la cause de ces mouvements.

— Mes mailles ne tombent pas, et vous le savez bien, monsieur, répondit sa femme moitié riant, moitié grondant; tenez, il vaudrait mieux que je n'achève pas ce travail, qui sera sans doute aussi mal accueilli que les autres à présent.

— Pourquoi accueillerait-on mal vos tricots? demanda Riquet. Je croyais vos pauvres voisins très honorés et très contents de vos petites attentions.

— Ah bien non! pas en ce moment, je vous assure. Tenez, j'enrage quand je songe que votre canal ne nous vaudra que des choses désagréables, et vous ne paraissez pas vous en douter encore?

— Quel mal vous a-t-il valu jusqu'ici, ma mie? demanda Riquet tout surpris.

— Quand ce ne serait que de nous brouiller avec tous nos voisins.

— Pourquoi? expliquez-vous ? fit le mari.

— Vous comprenez bien, reprit Mme Riquet, que je n'ai pas permis que, devant moi, l'on se moquât de votre canal ; si je vous dis à vous ce que j'en pense, chez les autres je représente votre famille, monsieur, votre maison, et je ne veux pas que l'on nous raille de sacrifier notre bien à une idée irréalisable. J'ai donc rompu avec tous les moqueurs, et ils sont nombreux.

— Laissez-les rire, qu'importe? fit Riquet ; je vous remercie, ma chère femme, de votre chaude défense. Si vous n'avez pas la foi en mon œuvre, vous avez au moins la charité de ne le point laisser voir.

— Sans avoir l'espérance de changer d'avis, répliqua-t-elle en riant.

En ce moment, un laquais annonça que M. de Froidour faisait demander M. le baron.

Riquet se leva immédiatement pour l'aller recevoir.

— C'est le lieutenant au baillage de la Fère, député en Languedoc, dit rapidement Riquet à sa femme. Recevez-le bien, ma chère, c'est un homme considérable, de grand mérite, et fort de mes amis.

Riquet présenta M. de Froidour qui, se rendant à Revel, venait demander l'hospitalité à Bonrepos, pendant quelques heures. On causa de Toulouse, des amis communs, puis du canal, le grand, l'inépuisable sujet du moment.

— Croiriez-vous, mon ami, dit Riquet, que ma femme vient de m'apprendre qu'elle s'est brouillée pour me défendre avec tous nos voisins, et que les paysans même nous regardent de travers.

— Cela ne m'étonne nullement, répondit M. de Froidour. Si vous voulez écouter les gens du pays, vous n'en trouverez presque point qui ne vous soutiennent que cette entreprise n'aura aucun succès, car, outre les préjugés de l'ignorance, plusieurs en parlent par chagrin, parce que, pour faire le canal, on leur a pris quelque morceau de terre dont ils n'ont pas été dédommagés au double et au triple de leur valeur, selon qu'ils se l'étaient proposé.

Puis les méchants, les envieux, les comptez-vous pour rien?

Ceux qui ont vu que l'eau arrivait de la montagne ne peuvent douter maintenant; mais ils décrient les travaux, et c'est merveille de trouver un homme qui ne soit pas au fond du cœur, imbu de l'idée que ce canal ne réussira pas.

— Sans parler des femmes, répondit Riquet, riant et en lorgnant sa femme.

— Ah monsieur, épargnez-moi, s'écria celle-ci, ne me classez pas parmi les envieux, ni parmi les ignorants; mais je suis mère, et je trouve que notre fortune s'en va d'un bon train à l'eau, voilà tout.

Enfin, continua-t-elle, se tournant avec une grande révérence vers M. de Froidour, si vous aviez beaucoup d'avocats comme celui-ci, pour défendre votre cause, vous auriez tout

autant d'envieux, c'est vrai, mais plus un ignorant ; il les con-
vaincrait tous de leur sottise.

— Ah ! mon cher ami, dit Riquet, vous n'avez jamais douté
de mon œuvre, vous !

— Non certes, et je tâcherai de convaincre, comme le dit
si aimablement madame, le plus de monde possible à cette
grande idée. Je sais aussi que vous avez, Riquet, quelques
ennemis puissants qui essaient de vous desservir auprès du
ministre. Écrivez-lui. Moi, de mon côté, je vais à Paris, je
vous promets de le voir, et si je ne puis parvenir jusqu'à lui
je lui écrirai ce que je viens de vous dire.

CHAPITRE HUITIÈME

Riquet resta encore quelques jours à Bonrepos, après la visite de M. de Froidour. Un soir que la famille se trouvait réunie, Riquet, qui songeait depuis un instant, dit tout-à-coup.

— C'est une chose incroyable qu'il soit si difficile de faire comprendre et surtout apprécier le bien que l'on veut faire. Vous avez entendu M. de Froidour me prévenir que j'ai des ennemis nombreux et puissants. Cela doit être vrai; mais quels sont-ils?

J'ai soupçonné le chevalier de Clerville, il ne m'aime pas, me contrecarre assez volontiers; mais cependant je le crois incapable de me desservir auprès du ministre. Je cherche en vain le mobile qui le ferait agir, l'intérêt qu'il pourrait avoir à une dénonciation, d'ailleurs purement calomnieuse.

Les hommes intelligents ne sont méchants que lorsqu'ils y ont un avantage; mais sans un motif cela est bien rare.

— N'avait-il pas voulu s'attribuer auprès du roi le mérite de votre idée? demanda Mme Riquet; n'avait-il pas présenté vos plans sans vous nommer d'abord?

— Oui, mais lorsqu'il vit que M. de Colbert était instruit de tout et daignait correspondre directement avec moi, il cessa ce jeu, et, depuis, il me nomma toujours dans ses rapports.

Je me sens espionné, sans que je puisse dire que j'en suis sûr : c'est plutôt un pressentiment qu'une certitude.

— Avez-vous toujours dans votre administration François Andréossy, papa? demanda Marie.

— Oui, fillette. Partages-tu aussi les préventions de ta mère à son égard? Cependant ce pauvre garçon est toujours charmant pour vous toutes, lorsqu'il m'accompagne ici.

— Je ne dis pas, mon papa, mais il y a un fond d'orgueil dans ce caractère qui le rend sournois et hargneux. Il ne vous pardonne pas d'avoir eu le premier l'idée du canal, répondit Marie.

— Peste! quelle observatrice vous faites, mademoiselle Marie, s'écria son père en souriant. Lui, orgueilleux! oh! il n'y songe pas, allez petite Déborah. C'est un bon employé, un ingénieur habile qui m'a rendu de grands services que je ne saurais nier; et sans lui, Marie, je ne me fusse jamais tiré de mes plans; il en a redressé plusieurs.

— Oh! cher papa, nous savons que vous êtes bon, et que vous rendez justice autour de vous, répliqua la plus jeune de ses filles ; mais est-ce une raison pour qu'on agissse de même avec vous? Nous avons peut-être tort de parler ainsi sans preuves d'un de vos employés. Cependant je vous assure, mon papa, que sa conduite nous a paru souvent louche.

A son dernier voyage ici, il s'enfermait dans sa chambre et copiait en grand mystère des plans. Lorsqu'il sortait ensuite, il avait une figure toute changée et méchante.

— Allons, bon ! voilà qu'il a tort d'étudier, à présent, s'écria Riquet en riant ; voyons, petits songe-creux, venez faire une partie de reversis, et laissons là ce pauvre garçon qui n'en peut mais.

— Monsieur Riquet, conclut sa femme, celui qui a un chapeau en tête, la pluie ne lui chaut, comme dit le proverbe des paysans d'ici : donc prenez garde à tout, et mettez votre chapeau. M. de Froidour vous a conseillé d'écrire au ministère, je crois ?

— Je vais le faire, ma mie, répondit Riquet.

En effet le lendemain il écrivit à Colbert.

Sa lettre se terminait ainsi :

« Je suis persuadé que les dieux sont clairvoyants, et je m'assure que vous me ferez la grâce de juger en ma faveur, parce que vous connaîtrez que j'aurai toujours raison.

Cependant le bassin situé à côté de Toulouse, à l'embouchure du canal avec la Garonne, était terminé.

Une écluse destinée à préserver le canal des crues de la rivière s'achevait en ce moment. Riquet repartit en hâte pour Toulouse, afin de surveiller lui-même ce travail.

Il devait y avoir une cérémonie imposante pour la bénédiction par l'archevêque de la première écluse.

A cette occasion Riquet avait fait frapper une médaille de bronze qui serait distribuée ce jour-là.

Cette médaille, fort bien gravée, représentait d'un côté Louis XIV avec cette devise latine. *Undarum terræque potens arbiter orbis;* au revers, la ville de Toulouse et un canal se jetant dans la rivière par une écluse.

Riquet voulut avoir l'avis de monseigneur d'Anglure, avant de donner le bon à frapper. Il se rendit à l'archevêché.

C'était jour de conseil; l'archevêque occupé avait fait prier les visiteurs de l'attendre. Riquet entra dans le premier salon du palais. Il était presque vide, quelques religieuses, soigneusement voilées, réunies dans un coin, récitaient en commun leur rosaire. Riquet avisa dans l'embrasure d'une haute fenêtre deux cordeliers qui, à son entrée, chuchotèrent vivement entre eux, tout en regardant avec curiosité de son côté.

— Deux avis valent mieux qu'un, se dit Riquet. Si je demandais à ces bons pères ce qu'ils pensent de la devise de ma médaille? Les cordeliers passent pour un ordre qui se recrute parmi les gens instruits, ils ont tous fait de fortes études latines; ils vont me tirer d'embarras. Car enfin je suis assez inquiet sur ce que dit, en français, la devise latine de ce bon M. Parisot.

Il s'approcha des cordeliers et se découvrant :

— Mes pères, leur dit-il gracieusement, je sollicite de

votre obligeance une petite faveur, et de votre science un conseil.

Les deux pères se levèrent à son approche et lui firent une profonde révérence.

Ils étaient fort dissemblables, ces religieux, et paraissaient, ainsi réunis par le hasard, avoir été choisis comme à plaisir pour faire contraste.

L'un était grand et maigre, avec un air sévère et quelque peu hautain, la figure longue et jaune des gens qui lisent beaucoup et qui semblent avoir gardé sur le visage un reflet des manuscrits qu'ils feuillettent sans cesse.

L'autre gros et court, tout souriant et fort rouge, avait le regard assuré, les mouvements vifs, d'une nature primesautière et emportée.

— De quoi s'agit-il, monsieur le baron de Bonrepos, demanda avec empressement le gros cordelier; tandis que l'autre serrait ses mains dans ses larges manches où elles disparurent soudain.

— Vous me connaissez, mes pères? tant mieux, j'en suis fort aise; nous arriverons de suite au but : Mais reprenez vos sièges, mes pères, je ne souffrirais pas que vous m'écoutiez debout.

Tous trois se rassirent.

— Voici ce dont il s'agit, commença Riquet : je sais que vous entendez et parlez fort bien le latin; je voudrais que vous me donniez vos avis précieux sur une devise latine que je vais vous soumettre.

Dites-moi votre sentiment, sans crainte de me blesser, acheva Riquet en riant. Elle n'est pas de moi, je n'aurais garde de l'avoir composée et pour cause.

— Nous vous écoutons, dirent les deux religieux.

Riquet tira de sa poche, sa médaille, et, pour en éviter la peine aux cordeliers, il se mit à lire lui-même la devise, ou plutôt à l'ânonner, car, ne sachant pas le latin, il prononçait tout de travers : *terraque-potence-arbitre orbis*. Lorsqu'il leva les yeux, il vit les deux cordeliers se consulter du regard; les sourcils du plus grand se froncèrent légèrement, tandis que le petit rougissait encore un peu plus.

— Quoi! s'écria Riquet alarmé, cette devise est-elle donc sotte ou impertinente? Y voyez-vous quelque faute?

De grâce, mes pères, dites-le moi vite, je m'en vais de ce pas la faire refaire.

— Veuillez la relire, monsieur, dit le grand moine en pinçant les lèvres; et Riquet troublé relut sa devise encore plus mal que la première fois, si c'était possible.

— Quelle diable de sottise dit donc cette devise, pensait Riquet, tout en lisant.

Quand il eut fini, il vit que le grand cordelier passait du jaune au vert, et que le rouge tournait au cramoisi.

— Alors c'est décidément absurde? demanda Riquet. Cependant M. Parisot m'a assuré qu'elle était fort bonne. Mais veuillez lire vous-même, dit Riquet tendant sa médaille au grand cordelier; peut être que je lis mal ce latin que je n'entends point.

MÉDAILLES FRAPPÉES

A L'OCCASION DU PERCEMENT DU CANAL.

— Vous êtes bien monsieur Riquet de Bonrepos, demanda le religieux, repoussant la médaille ; nous ne nous trompons pas ?

— Non, mon père, vous ne vous méprenez pas, répondit Riquet, tout surpris de la question ; mais lisez cette impertinente devise, mon père, et donnez-moi votre avis.

— Ce n'est pas votre devise, monsieur, qui est impertinente, répondit son interlocuteur, d'un ton rogue.

— Comment pouvez-vous vous permettre de vous moquer ainsi de nous, s'écria le petit cordelier, emporté par la colère ; nous lire, en goguenardant, ce latin, comme si nous étions indignes et incapables de le comprendre. Oh ! semblable offense ne se peut supporter !

— Quelle offense ? Qu'ai-je fait, s'écria Riquet. Quoi ? vous pensez que je me moque de vous, parce que je lis comme un écolier ce latin ? Mais je ne le sais pas, moi, le latin ; je ne l'ai jamais appris, et c'est à peine si je parle un très bon français. Et Riquet se mit à rire de tout son cœur de la méprise.

— Vous voulez décidément trop nous en imposer, dit le grand cordelier, vous prétendez maintenant ne pas savoir le latin, et vous dites que vous êtes bien Riquet, celui qui crée le canal du Languedoc.

— Ah ! pour ça, je vous l'assure, s'écria Riquet, riant toujours.

— Vous faites une œuvre où les plus savants ont échoué, et vous osez dire que vous ne savez pas le latin ! mais pour construire, creuser, mener à bien cette immense entreprise, ne faut-il pas que vos connaissances passent celles des autres hommes ! Allez, monsieur, ne vous moquez pas de nous.

— Je ne sais pas le latin, répétait Riquet riant toujours.

— Oh ! c'est trop fort, criait le petit moine, oser soutenir semblable imposture !

Vous nous la baillez belle ! et, saisi d'un transport subit, il levait ses deux bras au ciel.

Riquet ne pouvait retenir ses éclats de rire.

— Je ne sais pas le latin, vrai, disait-il.

Les deux moines, debout, les yeux enflammés, étaient au comble de l'exaspération. Ils se croyaient bafoués, et leur colère grandissait en voyant Riquet redoubler ses rires.

Les religieuses, dans le coin du salon, avaient cessé leur rosaire, étonnées, ahuries, se serrant les unes contre les autres, très scandalisées.

Enfin, emporté par une indignation qui ne connaissait plus de bornes, le gros cordelier se baissa, saisit une de ses sandales et courut sus à Riquet pour l'en frapper.

— Halte là, mon père, dit Riquet arrêtant le bras levé sur lui ; souvenez-vous de la parole du livre sacré : « Celui qui frappera par l'épée périra par l'épée. » Remettez en place votre galoche, c'est une arme peu noble et indigne de tous les deux.

Puis il s'enfuit, riant aux éclats.

Il gagna par les corridors le cabinet de l'archevêque qui, libre enfin, le reçut de suite.

PONT DU CANAL DU MIDI A TOULOUSE

— Je crains bien d'avoir été un grand sujet de scandale, lui dit Riquet riant encore, et une grande occasion de péché : un vieux serpent enfin, monseigneur, malgré mes airs bonhommes. Et il conta à l'archevêque ce qui venait de se passer.

Monseigneur d'Anglure trouva l'aventure fort drôle.

— Je vais remettre le calme dans l'esprit de ces bons pères. Ils ont été un peu vifs, cependant, mais je vais les apaiser, dit l'archevêque contenant à peine son hilarité.

CHAPITRE NEUVIÈME

Novembre était décidément pour Riquet un mois à marquer d'une pierre blanche. En effet le 15 novembre 1666, il commençait les terrassements de son canal, et le 17 novembre 1667 avait lieu la cérémonie de la bénédiction solennelle de la première écluse. Le soleil, ce matin-là, s'était levé resplendissant sur Toulouse. Quoiqu'on fût à la fin de l'automne. Le ciel était d'un bleu intense, particulier à ce beau climat.

Des bourgeois suivis de leur famille, des ouvriers endimanchés sortaient en hâte de leurs maisons, se pressant, s'agitant; il s'agissait d'être bien placé pour jouir de la cérémonie qui allait avoir lieu.

Aux portes de la ville, six mille ouvriers rassemblés en bon ordre par atelier, sous la conduite de leurs chefs respectifs, se massaient en cortège, tambours et tambourins en tête.

Parées elles aussi de leurs pauvres atours, les femmes employées aux travaux accouraient et se groupaient.

Les unes portaient le foulard aux nuances claires, noué en turban sur la tête ; les ouvrières venues des villages de la plaine, le grand chapeau de feutre, et les montagnardes, la capuche noire ou brune tombant de la tête aux pieds et les enveloppant en entier.

Elles étaient toutes ou presque toutes pieds nus, un petit jupon court, rouge ou marron, descendant à mi-jambes en gros plis raides, et le buste serré dans un casaquin de couleurs vives.

A chacune, un chef d'atelier distribuait double paie et un rameau d'olivier ou de laurier.

Cependant, auprès de l'écluse même l'affluence était énorme. Tout le monde voulait voir de près. Les beaux parleurs de la foule donnaient des explications sur l'écluse, à faire bondir Pierre comme si un taon l'eut piqué. Ce n'était qu'à grand peine que ce brave Pierre, l'homme indispensable de Riquet, comme celui-ci le nommait en riant, parvenait, aidé de quelques ouvriers, à éloigner la foule qui envahissait l'espace réservé : aussi salua-t-il avec plaisir le renfort de gardes que lui amena François Andréossy. Il distribua ses hommes en rangs pressés assez loin de l'écluse. Aux grognements des curieux, il répondait :

— Mais où voulez-vous donc que se tiennent nos archevêques et évêques, sans parler des hauts personnages qui les vont accompagner ? D'ailleurs vous ne verriez rien de près, et vous recevriez de grands coups de hallebarde dans les jambes, de tous les bedeaux des églises de Toulouse ; c'est moi qui vous le prédis. Les coups de hallebarde sont-ils de votre goût ? alors avancez à votre aise ; ils ne coûtent rien.

Et chacun de se retirer bien vite, en riant.

Lorsque la place fut nette, Pierre s'assit essoufflé, en s'épongeant le front, près de la porte de l'écluse :

— Hé, là-bas, l'homme affairé, lui cria un bourgeois, vous les aimez donc vous, les coups de hallebarde que vous restez là, au beau milieu, sans vous gêner ?

— Je n'en suis pas positivement fou, l'ami, répondit Pierre de bonne humeur, mais je fais partie du programme, moi, j'en suis, de l'écluse.

Et comme l'interlocuteur ouvrait de grands yeux et une grande bouche en guise d'interrogation, Pierre reprit avec importance :

— On ne fait rien sans moi, c'est moi qui vais l'ouvrir, l'écluse, et remplir le sas. Ainsi, jugez.

L'homme n'eut pas l'air de comprendre la réponse de Pierre ; il regardait au loin le vaste bassin à sec encore et l'écluse devant lui. Fort intrigué il se demandait :

— Mais à quoi peuvent servir ces portes-là ? Pourquoi bouchent-elles ainsi la Garonne ?

L'ingénieur Andréossy avait rapidement inspecté les travaux ; il s'était assuré que tout était prêt ; abordant Pierre il lui dit :

— Je vais prévenir monsieur Riquet que tout est en ordre ; dans une heure nous arriverons pour être là et recevoir le cortège à son arrivée. Vous, Pierre, veillez bien à ce que la place ne soit pas envahie. Ce populaire pourrait causer quelques dégâts. Vos ouvrières sont-elles prêtes ?

— Regardez, monsieur, répondit Pierre, et il lui montra du doigt les cinq cents femmes précédées par quelques ouvriers chargés de palmes qui débouchaient en ce moment et se plaçaient en face d'eux.

Andréossy rassuré sur toutes les parties du programme, reprit le chemin de Toulouse et Pierre se rassit, entouré de son équipe d'ouvriers choisis par lui, qui le suivaient et l'accompagnaient partout depuis le matin.

— Tout ira bien, je l'espère, fit Pierre en se frottant les mains ; les ouvriers des ateliers savent, n'est-ce pas, qu'ils doivent suivre monsieur le baron et l'amener ici ? continua-t-il, donnant à Riquet son titre, ce qu'il ne faisait que dans les grandes occasions.

Un robuste garçon, dont les mains noircies par le travail et les bras énormes attestaient un homme habitué à se servir des unes et des autres, avec une figure ouverte et franche et des yeux qui semblaient, mais sans hardiesse, n'avoir pas peur de regarder les gens en face, s'assit derrière Pierre, déposant à côté de lui un lourd marteau de forgeron. Il ôta un berret rouge qui couvrait une forêt de cheveux bruns, et demanda :

— Maître Piarou [1], pourquoi m'avez-vous commandé d'apporter ici ma petite forge ?

-----

1. Pierre, en patois Languedocin.

CÉRÉMONIE DE L'OUVERTURE DE LA PREMIÈRE ÉCLUSE

— Ah! te voici, Féli, dit Pierre regardant le grand garçon avec amitié; je t'ai commandé d'apporter tes outils, parce que, s'il arrivait un accident quelconque aux portes au moment de l'ouverture, tu les réparerais bien vite.

— Oh! je suis sûr des gonds, maître Piarou. Mais vous allez ouvrir ces portes devant tout ce beau monde, demanda timidement le gros garçon, l'eau entrera et puis après?

— Eh bien! je remplirai le sas avec l'eau du fleuve, et de cette façon cette petite flottille pavoisée, que tu aperçois là bas, entrera dans l'écluse et de là dans le canal.

— Comment? fit le forgeron.

— Ah ça! tu ne comprends donc pas le système de l'écluse toi, Féli? C'est trop fort; tu en forges les portes, et tu ne te demandes pas à quoi elles vont servir?

— Dam, maître Piarou, ça ne me regarde pas; on me dit de forger telle chose, sur telle dimension; je forge, et puis voilà.

— Vous l'entendez, vous autres, s'écria Pierre. Féli, vois-tu, tu devrais être honteux, positivement, d'avoir si peu le désir de savoir, et de t'instruire. Moi, si je le pouvais, j'apprendrais tout, je l'essaierais du moins. Je voudrais grimper jusque dans la lune savoir comment elle est faite.

— Vous n'êtes pas gascon, maître, riposta vivement le forgeron. On dit qu'ils sont toujours à cheval dessus.

Pierre se mit à rire de bon cœur.

— Tu veux me désarmer, dit-il, je ris, mais je ne désarme pas; je te trouve stupide de construire quelque chose sans te rendre compte de ce que tu fais.

Voyons, vous qui avez bâti la maçonnerie du canal et du sas, expliquez-lui donc à quoi servent les écluses, reprit Pierre en s'adressant aux ouvriers qui l'écoutaient.

— Dam, maître Piarou, firent ils, nous n'en savons rien.

— Vous aussi, fit Pierre abasourdi, alors je vais vous l'expliquer moi-même.

D'abord vous savez, vous, les maçons ce que c'est qu'un sas? c'est cette espèce de chambre en maçonnerie que vous avez construite là, qui occupe le lit entier du canal sur une longueur déterminée par la dimension des plus grands bateaux qui doivent y passer.

Cette chambre ou *sas* est fermée à ses deux extrémités par une porte nommée *écluse*.

De là vient que beaucoup de gens disent simplement une écluse en parlant de cette construction, sè servant ainsi du nom des portes pour désigner le tout.

Les parois latérales du sas, comment se nomment elles? demanda Pierre. Toi, Étiennou, réponds?

— Les *bajoyers*, maître, s'empressa de répondre l'ouvrier interpellé.

— C'est bien ça, je continue : on appelle encore *radier*, ces madriers garnis de maçonnerie sur lesquels reposent les portes. Maintenant à quoi ça peut-il servir une écluse? est-ce pour barrer un canal? Non, les portes d'eau suffisent. Hein, vous ne savez pas? Eh bien! ça sert à faire passer un bateau d'un niveau d'eau à un autre.

Dans le creusement d'un canal, vous ne trouvez pas toujours le même niveau, n'est ce pas ? Il traverse des mamelons, il descend avec la plaine ; ce canal a alors nécessairement des versants et des pentes en sens opposés.

C'est justement pour raccorder ces niveaux que l'on a inventé les écluses.

On appelle *bief* une portion du canal comprise entre deux écluses à sas ; par conséquent, et relativement à chaque écluse, il y a un bief supérieur et un bief inférieur.

Comment as-tu fait tes portes ou écluses, toi, Féli ? le sais-tu au moins ?

— Pour ça oui, maître Piarou, elles se composent de deux moitiés ou battants appelés ventaux, lesquels battants doivent rentrer, quand la porte est ouverte, dans les enfoncements destinés à les recevoir, se hâta de répondre Féli. Lorsqu'elles sont fermées, comme en ce momont, regardez maître, continua le forgeron, les ventaux forment en s'appliquant l'un contre l'autre, un angle prononcé.

— Pourquoi ? demanda Pierre.

— On m'a donné les dessins comme ça, maître, fit Féli.

Pierre haussa les épaules.

— C'est afin d'offrir à la pression de l'eau une résistance plus considérable, dit-il ; crois-tu que la Garonne qui bat contre tes portes n'aurait pas vite fait de les démolir, si l'angle qu'elles forment à leur jonction ne rompait pas la pression de la masse d'eau qui s'appuie sur elles ? Et pourquoi as-tu fait dans l'un des ventaux inférieurs de chaque écluse cette ouverture fermée aussi en ce moment ?

— La *vanne*, maître ?

— Oui, la vanne.

— Je ne sais pas, fit Félix honteux.

— Je vais te l'apprendre tout à l'heure, attends.

Vous voyez d'ici ce batelet pavoisé sur la Garonne, rempli de musiciens qui râclent déjà leurs crincrins pour s'accorder ensemble ?

— Oui, maître, répondirent les ouvriers.

— Lorsque les archevêques béniront notre sas, sur l'ordre de M. Riquet j'ouvrirai les vannes de l'écluse qui retiennent la Garonne, c'est-à-dire celle du bief supérieur. L'eau entrera dans le sas, et, quand elle sera montée au niveau de la Garonne, j'ouvrirai toute grande l'écluse, et le bateau y fera une entrée triomphale : puis continuant sa marche le bateau passera dans le canal, lorsque, après avoir ouvert la vanne de l'écluse du bief inférieur, j'aurais établi le niveau entre le sas et le canal d'embouchure. Si au contraire le bateau arrivait du canal, où l'eau que l'on y a mis hier est très basse, je ferais entrer le bateau d'abord dans le sas presque vidé, puis j'ouvrirais la vanne du bief supérieur, je remplirais mon sas, et, lorsqu'il serait au niveau de la Garonne, le bateau qui aurait monté avec l'eau sortirait sans difficulté du sas.

Avez-vous compris ? demanda Pierre achevant ses explications.

— C'est sûr, répondirent les hommes.

— Maître Piarou, interrogea Féli, pourquoi avez-vous dit : j'ouvrirai la vanne seulement, au lieu de l'écluse toute entière, pour laisser entrer à grand flot la Garonne ? Il me semble que, comme ça, le sas serait bien plus vite rempli, et le bateau plus promptement passé.

— Il te semble fort mal, Féli, répliqua Pierre. La porte entière ne peut s'ouvrir aisément qu'après que le niveau est établi des deux côtés. L'écluse est si fortement pressée par le liquide extérieur, qu'il me serait impossible de la faire tourner sur ses gonds, même en nous mettant deux à la chaîne; tandis que je l'ouvrirai très facilement après, parce qu'alors les pressions sont égales des deux côtés et s'annulent réciproquement.

En ce moment, un remous eut lieu dans la foule tassée, pressée de toute part; elle eut un mouvement de houle qui menaça un instant de déborder les ouvriers; mais elle fut contenue et repoussée.

Des hommes portant de longues palmes firent irruption sur l'emplacement vide.

Pierre se leva.

— Voici, monsieur le baron, fit-il en se découvrant.

C'était une grande fête pour le pays. Les cloches de toutes les paroisses de Toulouse se mirent à sonner à toute volée; une clameur s'éleva de cette foule entassée et échauffée pa le soleil encore chaud, bien qu'on fût en novembre.

Le cortège réglé par Andréossy se mettait en marche, s'avançant lentement.

Les bannières des corporations d'ouvriers, aux couleurs éclatantes, flottaient dans le poudroiement de l'air.

Chaque corporation avait fourni une escouade avec ses outils, précédée des porte-bannières qui, d'un air glorieux, en tenaient haut la hampe garnie de clous dorés.

Venaient d'abord les forgerons, portant sur l'épaule leurs lourds marteaux, puis les maçons avec la règle d'une demi-toise, puis le groupe des charpentiers avec l'herminette dont l'acier brillant réflétait les rayons du soleil et semblait lancer des éclairs.

A la suite, un petit bataillon de femmes; Pierre avait choisi les plus jeunes et les plus jolies, toutes portaient des palmes vertes qu'elles agitaient en criant :

— Vive le canal du Midi !

Les farandoleurs, vêtus d'une veste blanche que serrait à la taille une ceinture aux couleurs de Clémence Isaure, or, violet et rose, le chapeau enrubanné, marchaient après, précédés de leurs tambourineurs qui marquaient le pas, en frappant à coup sourds sur leurs longs tambourins, pendant que les galoubets déchiraient l'air de leurs cris stridents.

Riquet suivait à cheval, simplement vêtu de brun, mais le visage resplendissant de joie, car c'était sa fête à lui, c'était sa fortune, la réalisation des projets de toute sa vie, de toutes ses espérances qui s'étalaient à ses yeux; il allait ainsi, comme dans un rêve. Ce n'était pas la première écluse qu'il voyait achevée, mais son canal tout entier.

Après Riquet, marchaient les capitouls de Toulouse, suivis de la garde urbaine. Puis, ses massiers le précédant de quelques pas, venait le parlement, dont les robes rouges, les mortiers de velours galonnés d'or jetaient une note éclatante au milieu de ce fourmillement de couleurs.

Enfin les carosses des archevêques de Toulouse et de Narbonne, des évêques de Béziers et de Carcassonne, s'avançaient lentement, entourés des suisses, des porte-croix, des porte-crosses, et des enfants de chœur agitant les encensoirs ou portant les bénitiers dans lesquels trempaient les goupillons d'argent. A ce moment, de la foule échelonnée sur le passage du cortége, un groupe de chanteurs entonna le chant national du Languedoc. Tous les fronts se découvrirent à l'exemple de Riquet qui, ravi, souriant à la foule, leva gracieusement son chapeau.

On était arrivé.

Après que chacun eut pris la place assignée par l'ordonnateur, le cortége religieux s'avança jusqu'aux bords du bassin.

Un chant liturgique se fit entendre, puis la voix de monseigneur d'Anglure s'éleva, forte et vibrante, dans un silence profond, et prononça les paroles de la bénédiction.

Alors, sur un signe de Pierre, les vannes s'ouvrirent et l'eau de la Garonne, se précipitant à flots pressés, commença à couvrir le fond du sas.

Pendant ce temps, les bateaux aux tendelets à crépines d'or, composant la petite flottille, s'avançaient en se balançant sur le fleuve.

Des conseillers au parlement, des capitouls y prirent place.

Une petite barque montée de deux hommes seulement, un rameur et un barreur, se tenait en tête, près des portes de l'écluse.

C'était Riquet à qui appartenait bien l'honneur d'entrer le premier dans le canal.

Le niveau s'était établi, les écluses tirées par les chaînes s'ouvrirent lentement et toute la petite flotille s'engouffra dans le canal, au bruit des fanfares, des tambourins, des galoubets et du cri sorti de toutes ces poitrines haletantes: Vive Riquet! Vive le canal du Languedoc.

CHAPITRE DIXIÈME

La réussite de l'écluse, l'enthousiasme que la population Toulousaine semblait éprouver pour le canal, firent réfléchir messieurs des États, et, sur une nouvelle demande du gouverneur du Languedoc, ils accordèrent à Riquet une somme, énorme pour l'époque, de six cent mille livres et promirent de continuer leurs subsides, mais ne s'engageant pas réellement.

Riquet accueillit avec joie cette libéralité des États. Sa fortune personnelle, qui s'élevait à trois millions, à part quelques centaines de mille livres était engloutie. Il s'en préoccupait peu, cependant, ainsi qu'il ressort d'une lettre à Colbert. Le 26 juin 1669, il écrivait au ministre :

« Mon entreprise est le plus cher de mes enfants ; j'y regarde la gloire, votre satisfaction, et non pas le profit. Je souhaite de laisser de l'honneur à mes enfants, et je n'affecte point de leur laisser de grands biens. »

Paroles touchantes dans leur noble simplicité.

La ferme des gabelles qu'il tenait de l'état faisait face

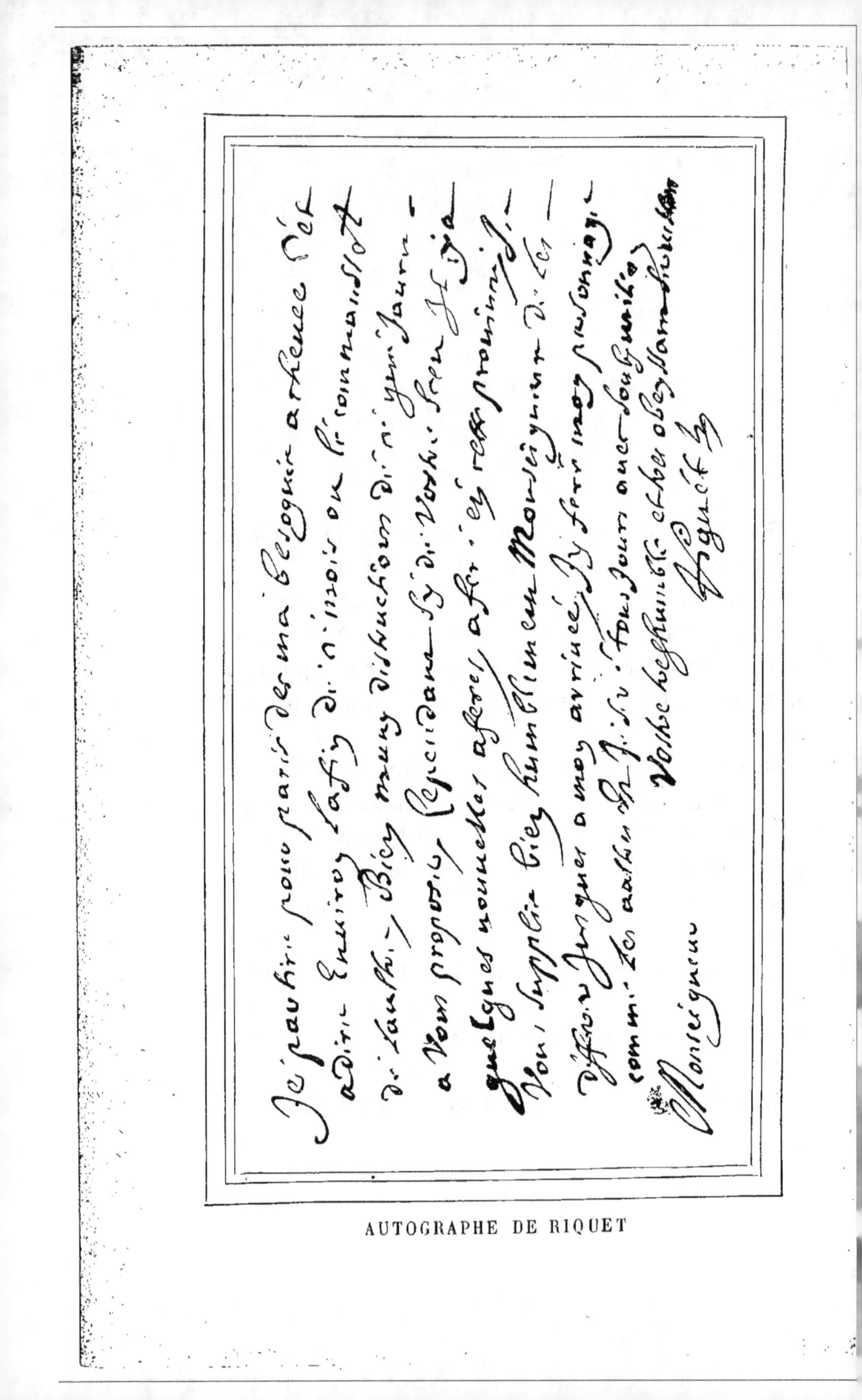

AUTOGRAPHE DE RIQUET

pour le moment aux grosses dépenses; mais même avec les énormes bénéfices qu'il en retirait, tous affectés en totalité aux travaux du canal, Riquet redevait encore au trésor près de deux cent mille livres.

Colbert, qui aimait avant tout la régularité dans les comptes, le pressait de s'acquitter, et lui faisait dire qu'il ne comprenait ni n'admettait ce retard.

Malgré le soutien moral que Riquet obtenait de tous les gens éclairés, son entreprise suscitait des jalousies nombreuses parmi les ingénieurs, les financiers, et de la colère ou du mépris chez les gens peu instruits qui, n'ayant aucun intérêt direct dans l'entreprise du canal, ne comprenaient pas ou ne se souciaient point du bien qui en sortirait pour la masse de la population.

D'autre part l'"impôt des gabelles avait doublé depuis quelques années, et le Languedoc, qui était un pays de petite gabelle, avait été élevé par un édit royal au rang de pays de grande gabelle, c'est-à-dire avait été admis à payer le double de ce qu'il donnait auparavant.

Un mécontentement sourd grandissait de jour en jour dans la province.

La misère était profonde, elle rendait injustes et aveugles tous les pauvres gens.

Peut-on raisonner bien droit quand il n'y a pas de pain dans la chaumière?

Riquet, avec son grand cœur et son esprit élevé, se rendait parfaitement compte de ces symptômes de révolte, mais il cherchait en vain un remède à ce mal.

Il fallait achever son œuvre, c'est-à-dire de l'argent.

D'ailleurs les gabelles n'eussent-elles pas été entre ses mains, les malheureux n'en auraient pas moins payé, et alors leur argent, au lieu de servir à une œuvre utile, fût certainement allé enrichir quelques croquants impitoyables.

Il recommandait à ses collecteurs d'impôts d'être indulgents, patients, de n'user point trop rigoureusement de leur droit de saisie; mais il ne pouvait cependant être tenu très au courant de leurs faits et gestes.

Le métier de ces collecteurs les endurcissait à la longue. Malgré le soin que Riquet apportait à les choisir, il était souvent trompé sur leur moralité ou leurs procédés envers les débiteurs des gabelles.

Pierre, avec sa familiarité respectueuse, avait souvent fait part à Riquet de ses observations personnelles.

Un soir, après le départ des ouvriers, il avait surpris un homme, un pauvre paysan suivant toute apparence, qui, à grands coups de pioche, essayait de jeter bas une maçonnerie du bassin de Saint-Fériol.

— Que fais-tu là, malheureux? s'était écrié Pierre.

— Je voudrais, répondit l'homme, que tout le monde se mît comme moi à le détruire, ce canal maudit.

— En quoi te gêne-t-il, brute? cria Pierre.

— Depuis qu'il est commencé, je ne puis plus vivre, répliqua l'homme. Les impôts augmentent chaque année. Hier on m'a saisi ma maigre récolte de maïs et de foin pour payer le sel dont je n'ai que faire? Comment pourrais-je payer la gabelle? je suis écrasé, je n'ai plus rien, rien que ma cabane qu'ils me vendront aussi, sans doute. Et après, que deviendrons-nous? Où irons-nous, moi, la femme et les enfants? Oh! voyez-vous ça ne peut pas durer, non ça ne peut pas durer, avait crié l'homme en serrant les poings.

Lorsque Pierre rapporta cette scène à Riquet, celui-ci demanda vivement :

— Alors que lui as-tu dit pour le consoler ?

— Je lui ai promis de parler pour lui au collecteur, afin qu'il attendît un peu, et lui rendît au moins une partie de sa récolte. Lui, en retour, m'a demandé pardon de ses coups de pioche au mur; d'autant plus sincèrement que je lui ai fait comprendre que cela ne servait à rien, qu'il s'achèverait malgré tout, ce bassin, et qu'il venait simplement de nous coûter un peu plus d'argent.

Riquet ouvrit sa bourse et tendit quelques pièces à Pierre.

— Tiens, va porter ceci bien vite à ces pauvres gens, et qu'ils ne s'en prennent plus à mon canal de la rudesse de mon collecteur.

Riquet soulageait ainsi, souvent, bien des misères, mais il ne pouvait les connaître toutes et encore moins les secourir.

Les impôts, à cette époque, étaient bien plus lourds qu'ils ne le sont à présent. Non que chaque famille, en général, payât alors beaucoup plus qu'elle ne paie aujourd'hui, mais ils étaient bien plus inégalement répartis.

Les nobles exemptés de toute imposition par droit de naissance, ne payaient que l'impôt du sang, c'est-à-dire qu'ils avaient le droit et le devoir de mourir pour le service du roi ou du pays.

Les moines étaient exemptés, eux, par bon plaisir royal.

Toute la charge portait donc sur les petits, les bourgeois, les marchands et les cultivateurs.

L'impôt le plus inique était celui qui frappait le sel, impôt auquel on ne pouvait même se soustraire par la non-usance. On le nommait impôt de la gabelle, d'un mot de la langue hébraïque, *kibbel*, donner.

Ce fut le roi Philippe le Bel qui, le premier, permit aux Juifs, pour se payer de grosses sommes prêtées au trésor royal, de le lever sur son peuple.

En peu d'années il devint vexatoire; aussi occasionna-t-il ou fut-il le prétexte de nombreuses révoltes dans les villes et surtout dans les campagnes.

En 1548, Bordeaux et toute la Guyenne s'insurgèrent contre les collecteurs de la gabelle. Le chef de l'administration, Tristan Moneins, fut assassiné, dépécé et salé.

Il fallut que le connétable de Montmorency déployât la plus sévère énergie et la plus grande rigueur pour vaincre la rébellion.

Le chiffre de cet impôt variait même de province à province, de ville à ville.

Certaines localités étaient écrasées; d'autres ne payaient rien.

Quelques province n'étaient pas taxées pour la consommation annuelle; dans d'autres, chaque famille était tenue de prendre au grenier à sel une quantité déterminée de ce produit qui, né spontanément des relais de la mer, semblerait devoir être la propriété de tous.

Les pays de grandes gabelles supportaient le maximum de cet impôt, et les pays de petites gabelles le minimum seulement.

Certaines provinces avaient racheté une fois pour toutes, sous Henri II, l'exemption entière du droit; elles n'en furent pas moins assujetties par Louis XIV à un sixième à peu près de l'impôt fixé pour les pays de grandes gabelles.

Il y avait encore les pays qu'on appelait quart-bouillon : c'étaient ceux qui avaient le droit de se fournir à des sauneries particulières, où l'on faisaient bouillir un sable imprégné d'eaux salines, à la charge par les sauniers de verser dans les greniers du roi le quart du produit de cette fabrication. En 1789, un vœu unanime pour la suppression de la gabelle fut exprimé dans les cahiers des trois ordres, aux états généraux. Elle fut en conséquence supprimée par la loi du 10 mai 1790 et remplacée par un système de lois établissant les impôts à peu près comme ils le sont encore actuellement.

Louis XIV, toujours à court d'argent dont il avait besoin par suite de ses guerres et de ses goûts fastueux, organisa avec une plus grande sévérité cette partie de l'administration fiscale : des offices de juges, chargés spécialement de sévir contre le faux saunage, furent créés et vendus.

Les produits des salins furent livrés à des fermiers généraux, qui employaient à l'exploitation de leur monopole une véritable armée de commis et de gardes et, malgré cela, n'en retiraient pas moins des bénéfices énormes.

Des poursuites rigoureuses étaient exercées au moindre retard ; aussi l'exaspération des populations pressurées était arrivée à son comble.

On opérait quatre mille cinq cents saisies ou expulsions par an, et les pauvres gens chassés de chez eux, dont on vendait jusqu'au lit, jusqu'aux derniers vêtements pour acquitter cet impôt exorbitant, commençaient à murmurer hautement.

Dans les villes, les jours de marché, paysans et ouvriers s'assemblaient, s'excitaient mutuellement à la résistance, se donnaient rendez-vous loin des yeux de la police, dans des lieux écartés, dans les bois : là se tenaient des conciliabules d'où ils sortaient sombres, farouches, avec ce mauvais regard de l'homme qui désespère de la vie et qui ne lui demande plus d'autre satisfaction que la vengeance.

Il fallait maintenant presque toujours que les collecteurs d'impôts arrivant dans un village se fissent accompagner par des gardes ou des soldats de la maréchaussée.

Riquet s'apercevait de ces dispositions hostiles qui grandissaient dans le pays ; aussi recommandait-il la plus grande douceur à ses agents. Mais ceux-ci, mécontents de se voir partout accueillis comme des chiens enragés, recrutés d'ailleurs pour la plupart parmi des hommes endurcis et sans pitié, ne tenaient aucun compte des recommandations du fermier général, n'ajoutant pas foi aux paroles qu'on leur rapportait de sa part.

Un choc devait fatalement se produire entre ces intérêts et ces caractères si divergents. Riquet, absorbé par ses travaux de cabinet, par la surveillance des chantiers ouverts partout à la fois, sans parler de la comptabilité énorme qu'il revoyait lui-même, ne pouvait cependant avoir l'œil à tout. Ce fut à ce moment qu'il apprit par le chevalier de Clerville que le ministre était dans l'intention de faire continuer le canal directement jusqu'à la mer, suivant les premiers plans que Riquet lui avait soumis à l'origine, et que Colbert avait restreint à l'étang de Thau, petite mer intérieure qui pouvait servir d'entrée au canal. Il s'agissait maintenant de créer à Cette un port important pour le commerce et d'y amener le canal pour le mettre en communication avec la mer même. Le chevalier de Clerville prévint Riquet que de nombreux compétiteurs se présentaient, offrant à Colbert de prendre son canal à l'étang de Thau pour le mener à Cette. Riquet fut désespéré.

— Quoi, dit-il au chevalier, des rivaux m'ôteraient la gloire d'achever en entier ce projet qui est bien à moi, dont je suis le créateur! non, cela ne sera pas. Je vous supplie, monsieur, de vous joindre à moi pour prier M. de Colbert que cette dernière partie du canal et la création du port de Cette soient adjugées à l'entreprise.

Colbert y consentit, quoique depuis quelque temps il semblât un peu refroidi envers Riquet, sans que celui-ci sût à quoi attribuer cette froideur.

Son fils, Jean-Mathias, que Riquet avait envoyé solliciter Colbert, lui fit part de la même impression éprouvée lors de son entrevue avec le ministre.

Riquet se rendit à Toulouse pour l'adjudication aux enchères publiques, misa le plus haut et obtint l'entreprise, malgré ses rivaux qui, par une indigne manœuvre, lui firent payer un prix beaucoup trop élevé.

— Comment allez-vous faire, monsieur, lui demanda l'ingénieur Roux qui était devenu son ami, pour acquitter le prix de cette abjudication ?

— Coûte que coûte, je trouverai, répondit Riquet.

En effet, il emprunta à gros intérêts sur son canal et paya les premiers arrérages au Trésor.

Au printemps de 1669, Riquet harassé d'esprit et de corps revint à Bonrepos ; de là il se rendait au bassin de Saint-Fériol, dont il surveillait la construction et tout près duquel il faisait préparer une installation pour lui et sa famille.

Il était soucieux depuis quelque temps ; le ministre réclamait impérieusement les deux cent mille livres dues sur les gabelles, et Riquet, ne voulant pas pressurer les populations en retard, hésitait à jeter dans le gouffre, où toute sa fortune s'était engloutie, les derniers trois cent mille livres qu'il réservait pour la dot de ses chères filles ; non qu'il doutât du succès de son œuvre ; mais il voyait que la réalisation de ses espérances pouvait tarder, et c'était priver ses filles d'un établissement immédiat. Ce cruel souci de l'avenir de ses enfants, de leur fortune qu'il sacrifiait à sa gigantesque entreprise, le plongeait souvent dans d'anxieuses méditations.

Un jour, livré à ses sombres réflexions, il en fut tiré par une voix qui le saluait d'un bonjour amical.

— Puisqu'il faut, pour vous trouver, venir au milieu des maçons, disait la voix, me voici.

Riquet releva la tête.

— Monsieur Sarrat, vous ici! fit-il, tendant la main à son interlocuteur. M. Sarrat était un très riche négociant de Revel et le premier magistrat de la ville.

— Je ne devrais pas vous serrer la main, répondit-il à Riquet, vous vous conduisez fort mal avec nous.

— Avec qui? comment ça? demanda Riquet tout surpris.

— Faites l'étonné, nous avons grand sujet de vous en vouloir, ici. Je vous poursuis depuis Toulouse sans vous atteindre, et mes lettres n'ont pas eu plus de succès, sans doute, depuis un an; vous ne m'avez jamais montré que vous les ayez reçues.

— Pardon, monsieur Sarrat, je les ai reçues, je les ai lues, et même j'y ai répondu.

Vous me demandiez que la rigole de la plaine qui entoure Revel fût rendue navigable, afin d'amener les grains de vos riches environs jusqu'au canal. Eh bien! n'ai-je pas répondu puisque j'ai fait ce que vous demandiez? N'avez-vous pas remarqué que les travaux de la rigole ont été repris, qu'elle a été creusée plus profondément, et qu'elle a été aussi très élargie.

— Sans en être bien sûr, j'ai pensé que vous accédiez à notre demande ; aussi je vous remercie au nom de la ville que je représente auprès de vous. Seulement l'appétit nous est venu, et maintenant je suis chargé de vous supplier de de nous faire un port devant la ville.

— Cela, monsieur, répondit Riquet, est impossible. J'ai rendu la rigole navigable parce que je comprends que vos grains, arrivant directement au canal, coûteront moins chers de transport , et conséquemment aussi seront vendus à meilleur compte ; donc toute la contrée profitera du bien être qui en résultera. Mais un port devant la ville coûtera beaucoup, et ne profitera qu'aux seuls habitants de Revel. Je ne puis sacrifier l'intérêt de la navigation à l'intérêt d'un canton, Non, monsieur Sarrat, c'est impossible ; je refuse.

— Mais, mon cher monsieur Riquet, insista le négociant, considérez que vous êtes presque un concitoyen, depuis si longtemps que vous ou votre famille habitez Bonrepos. Ne voulez pas faire ce petit sacrifice pour nous.

— N'insistez pas, mon cher Sarrat, répliqua Riquet, je ne puis. M. de Colbert me reproche de faire de plus grosses dépenses que je ne devrais ; il a raison, j'ai déjà changé deux fois le parcours dans un certain espace de mon canal. Mais si je l'ai fait malgré la dépense plus forte, et cela en prenant sur mes deniers pour acquitter cette dépense, c'est que je considérais la beauté et l'utilité plus grandes pour mon œuvre. Ici rien de semblable, c'est un acte de camaraderie que vous sollicitez, je ne le puis. Je ne veux pas que l'on dise que Riquet s'est laissé guidé par un autre mobile que le bien de tous.

M. Sarrat comprit qu'il ne vaincrait pas cette volonté si fermement exprimée, et il ne renouvela pas sa tentative.

CHAPITRE ONZIÈME

En rentrant à Bonrepos, Riquet y trouva une lettre de Colbert qu'un express venait d'apporter de Toulouse.

Le ministre réclamait encore la somme due, faisant des reproches à Riquet, l'accusant de prodigalité: il lui annonçait qu'il envoyait en Languedoc M. de la Feuille, ingénieur du roi, qu'il lui adjoignait pour diriger les travaux spéciaux du canal.

Il finissait en disant :

« On me prévient que vos rentrées de gabelles s'opèrent fort mal, qu'il y a par tout le pays une grande effervescence, que des troubles sérieux sont à craindre : la dureté de vos subalternes est pour beaucoup dans ce qui se passe, il est à propos que vous y mettiez ordre. »

Riquet relisait cette lettre, se demandant quel était ce M. de la Feuille, et si c'était un adversaire qu'il allait avoir à combattre, ou un auxilliaire véritable qui lui arrivait.

Il commença sa réponse au ministre, lui promit qu'il allait sans retard aviser à cette rébellion, l'assura de la bonne réception de M. de la Feuille; il allait informer Colbert de l'envoi des deux cent mille livres : il s'arrêta, hésitant.

— Et mes chères filles, murmurait-il.

La porte de son cabinet s'ouvrit doucement et, dans l'entre-bâillement, apparurent les têtes rieuses de ses filles.

— Mon papa, dit la plus jeune, il y a en bas Pierre et M. François Andréossy qui vous veulent parler. Avez-vous le loisir de les recevoir ?

Riquet les enveloppa d'un long regard attendri sans répondre.

— N'avez-vous pas entendu, mon père? demanda l'aînée.

— Si, mes chéries ; tout-à-l'heure je les verrai. Venez ici, vous ; j'ai à vous entretenir, et très sérieusement. Asseyez-vous là, toutes deux, continua-t-il en leur montrant des tabourets à ses côtés, là, plus près.

— Vous savez si je vous aime, mes chères filles, dit-il en leur prenant les mains.

— Oh! oui, répondirent ensemble les deux jeunes filles.

— Nous vous rendons de tout notre cœur cet amour paternel que vous voulez bien nous témoigner, mon père, acheva Marie avec respect.

— Mes chères enfants, je suis sur le point de vous dépouiller, pour le présent, se hâta d'ajouter Riquet; mais cependant je ne veux le faire que si vous y consentez. J'avais réservé sur ma fortune trois cent mille livres que je destinais à vous doter; or j'ai absolument besoin de cet argent; puis-je m'en servir ?

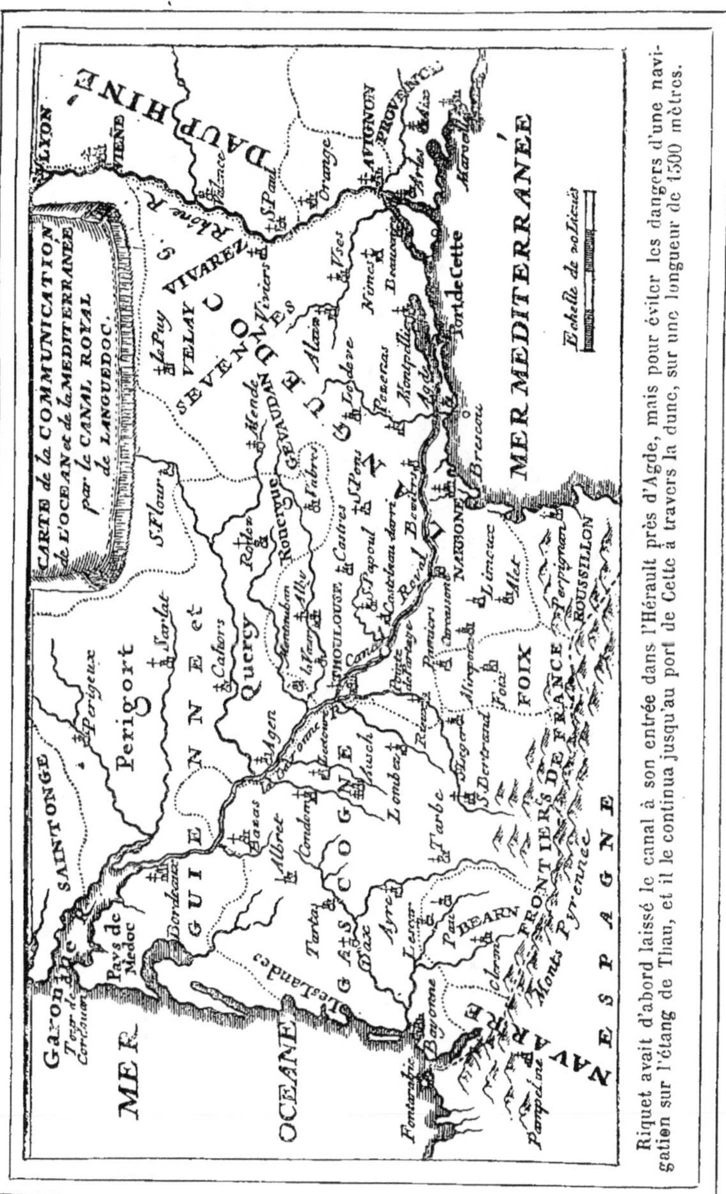

Riquet avait d'abord laissé le canal à son entrée dans l'Hérault près d'Agde, mais pour éviter les dangers d'une navigation sur l'étang de Thau, et il le continua jusqu'au port de Cette à travers la dune, sur une longueur de 1500 mètres.

— Mais, mon père, s'écria Henriette, la plus jeune, notre bien n'est-il pas à vous et non à nous?

— Réfléchissez, mes enfants, votre mère y consent, reprit leur père. Réfléchissez; vous allez être les filles d'un gentil-homme ruiné, quant à présent; personne ne vous épousera.

— Pardon, mon papa, vous vous trompez, lui répondit avec orgueil Marie, nous serons les filles d'un père plein de gloire.

Si personne ne veut nous épouser sans dot, nous serons heureuses de porter toute notre vie le grand nom que votre œuvre nous aura conquis.

— Puis, ajouta Henriette en rougissant, tous les gentils-hommes d'ici n'ont pas l'âme si calculatrice que vous pensez, mon père, et j'en sais, moi,... elle n'acheva pas.

Son père, souriant de cette réticence, embrassa ses deux filles.

— Allons, vous le voulez bien, alors? demanda-t-il. J'achève ma lettre à M. de Colbert et je lui annonce que je sacrifie la dot de mes filles à mon autre enfant, enfant qui m'est cher aussi, presque autant que vous.

— Nous n'en sommes plus jalouses, mon papa, répondi-rent les jeunes filles.

Dans un envolement d'oiseau léger, Marie dit avant de sor-tir:

— N'oubliez pas qu'on vous attend, mon père; c'est encore pour votre canal. Allez, vous n'y perdrez rien.

Riquet reprit sa lettre interrompue, s'absorba dans des

comptes; il avait complètement perdu la notion du temps écoulé depuis la visite de ses filles, quand on gratta à la porte de son cabinet.

Voyant que cela ne produisait aucun effet et n'obtenait aucune réponse, la personne qui demandait à entrer se mit à frapper tout de bon contre la porte.

— Qui est là? s'écria Riquet en bondissant. Qui vient sans cesse me déranger.

— Excusez, monsieur Riquet, répondit-on, mais il y a une heure que M. Andréossy et moi nous attendons.

— C'est toi, Pierre? fit Riquet; entre, que veux-tu?

— Monsieur le baron, dit Pierre en entrant, nous venons vous prévenir qu'il se passe de drôles de choses à Revel, à Saint-Fériol, à Mont-Ferrand, et dans tous les environs. Le peuple, les paysans s'assemblent, ils ont même débauché quelques ouvriers (la peste étouffe les sots), et tout ce monde, armé de fourches, de pioches, de haches, de vieux mousquets, parle de venir ici tout tuer et massacrer.

M. Andréossy et M. Roux ont massé nos ouvriers autour du bassin en construction pour empêcher les dégats, et nous sommes accourus M. Andréossy et moi vous avertir.

— Quels sont ces gens? que veulent-ils? demanda Riquet.

— Ce sont de pauvres gens exaspérés contre vos collecteurs; il paraît que le 8 mai il y a eu des troubles à Toulouse.

Le gouverneur a dû envoyer la troupe du roi ; un grand nombre de ces rebelles sont dans les prisons de la ville. Du moins c'est ce qu'ils disent tous.

— Il faut les calmer, fit Riquet, prévenir toute sédition grave ; et se levant vivement, il alla s'entendre avec Andréossy sur les mesures à prendre, en cas d'attaque du château, puis donna les ordres pour son collecteur qu'il chargea Pierre de trouver et d'avertir à l'instant.

Il devait y avoir deux saisies, ce jour-là, à Mont-Maur ; Pierre en informa Riquet et sur son ordre s'y rendit en hâte.

Les paysans du village de Mont-Maur s'étaient réunis chez l'un des futurs expulsés ; des bûcherons et bûcheronnes s'étaient jointes à eux ; et là, au nombre d'une trentaine, ils buvaient, discutaient, encouragés et excités par quelques femmes, plus acharnées qu'eux encore à la résistance.

— A Toulouse on a commencé, disaient-ils ; nous allons nous affranchir enfin de cette gabelle !

— Moi, se prit à dire Rousse, le paysan maître du logis, voici une hache qui fendra la tête au collecteur. Qu'il me saisisse s'il l'ose !

— Oh, Jean ! s'écria sa femme en sanglotant.

— Tais-toi, regarde les autres femmes, fit le fermier, ont-elles peur, elles ? Vais-je pas me laisser dépouiller ? continua-t-il d'un air sombre. Non, je suis résolu à défendre mon bien. Gare à lui, ce gabelou, s'il vient ici !

Comme il achevait, Pierre entra.

Inquiet des allées et venues mystérieuses des bûcherons de la montagne dans le village, il allait en s'informant. Cette réunion chez le fermier lui sembla étrange ; il voulut savoir ce qui se complotait là.

Tous, hommes et femmes, parurent gênés à sa vue.

La Germaine, la femme de Jean Rousse, tenant son nourrisson sur les bras, s'élança vers lui.

— Ah! monsieur Pierre, sauvez-nous, lui cria-t-elle, ils vont venir tout saisir ici!

— Que veux-tu qu'il y fasse, Germaine? lui dit son mari; n'est-il pas aussi pauvre que nous? Laisse-le : ne faut-il pas d'ailleurs que tout ça ait une fin. Tu vas voir tout-à-l'heure si je sais agir.

— Que se passe-t-il donc ici? fit Pierre. Je vous trouve à tous de singulières figures; quelle sottise préparez-vous?

— Vous êtes des nôtres, pas vrai, Pierre? lui demanda résolument un bûcheron. Je vous connais depuis longtemps, je vous ai vu à l'œuvre, vous êtes bon et compatissant. Eh bien! là, ne trouvez vous pas que nous avons assez souffert, et que tout ce train là ne peut pas durer ainsi?

— Que faire, ami Ramondens? répondit Pierre tristement; vous demandiez si je suis des vôtres; certainement, si vous entendez par là que je suis un pauvre ouvrier comme vous. Mais si vous voulez dire que je suis prêt à repousser par la force un état de choses qui me semble comme à vous lourd et horrible à supporter, alors, non, je ne suis pas des vôtres.

Un cri de menace des femmes l'interrompit. Les hommes l'examinèrent avec défiance.

— Non! continua Pierre avec calme, regardant en face ses adversaires, non, je ne suis pas avec vous quand vous songez à vous révolter.

J'estime que ces rébellions ne serviront à rien, nous ne sommes pas en nombre, en force. Que voulez-vous ? Le savez-vous bien vous-même ? Ne pas payer la gabelle ? Cela regarde-t-il le fermier général auquel vous vous attaquez ? Il faut aller plus loin, plus haut ; c'est aux pieds du roi qu'il faut porter vos plaintes ; c'est à lui qu'il faut demander le retrait de cet impôt.

— Le roi ! fit Rousse ; il est trop loin de nous.

— Il faut attendre alors que nous puissions, nous peuple, nous rapprocher de lui.

— Qui sait ! nos fils, nos petits-enfants, peut-être, pourront un jour revendiquer le droit de vie pour notre classe.

En attendant, nous sommes de bonnes gens, obéissant aux lois quelqu'injustes qu'elles nous paraissent, quelque lourd que soit cet impôt qui pèse sur le pauvre monde ; et payons ce que nous devons ! montrons que nous sommes de bonnes gens !

— Tu dis que nous sommes de bonnes gens, Pierre, c'est vrai, fit Jean Rousse ; mais nous sommes aussi de pauvres gens : nos impôts, nos dîmes vont toujours s'augmentant depuis dix ans.

Tu dis nous sommes de bonnes gens : veux-tu dire que nous sommes des imbéciles de souffrir tout sans rien dire ? Oh ! alors tu diras vrai.

Et avisant, accroché au mur, un joug à mulet, il le saisit, le brisa et s'écria :

— Voilà ce qu'il faut faire !

A cette figure énergique, tous se levèrent, serrant les poings, criant :

— Oui ! brisons le joug !

Pierre leur dit tristement :

— Celui-là est vieux, on vous en mettra un autre plus fort et plus solide que vous ne briserez pas.

Cette résistance est insensée ; vous êtes trente contre cent, et fussiez-vous en nombre ici, à Revel, à Béziers, à Toulouse, réussiront-ils, eux ? On ne devient pas ainsi libre. Ce qui se fait par la violence ne dure pas.

Les hommes s'étaient rassis, ébranlés par les sages paroles de Pierre. Ils baissaient la tête, comprenant la justesse de ce qu'ils venaient d'entendre.

Seul Rousse, l'air sombre, répétait :

— Ça ne peut pas durer !

— Doit-on te saisir aujourd'hui, Rousse, demanda Pierre ?

— Oui, tout à l'heure, répondit le fermier avec un ricanement.

— Si tu obtenais du temps, pourrais-tu payer ?

— Oh oui ! maître Pierre, s'écria Germaine, oui, dans six semaines nous le pourrons, c'est certain, après la moisson. Et le visage de la pauvre femme se tourna vers Pierre, illuminé par un espoir subit.

— Tais-toi, femme, fit Rousse ; M. Riquet est bien trop dur au pauvre monde pour nous accorder un répit d'un jour.

— M. Riquet dur ! s'écria Pierre qui bondit, lui dur ! vous ne le connaissez pas ; non, reprit-il avec énergie, vous ne le connaissez pas ! Il ne s'occupe jamais des détails de l'administration fiscale. Sait-il seulement que l'on saisit ? Vous imaginez-vous que ces rigueurs s'exercent par ses ordres ? Le roi à fixé le taux à payer pour les gabelles, M. Riquet est le fermier, il faut qu'il paie, lui aussi. L'accuser, lui, c'est absurde ! acheva Pierre, hors de lui.

En ce moment une clameur se fit entendre, tous les paysans ou bûcherons se précipitèrent au dehors.

Des femmes, des enfants couraient éperdus, criant :

— Le collecteur ! le collecteur ! les habits rouges !

Jean Rousse saisit sa hache, s'arcbouta contre la porte de sa chaumière avec un geste plein de menace.

Germaine se jeta au devant de Pierre.

—N'ayez pas peur, Germaine, lui dit Pierre à voix basse ; M. Riquet sait ce qui se passe ici.

Et Pierre alla se placer, entouré de paysans, auprès de Jean Rousse.

CHAPITRE DOUZIÈME

Au détour du chemin s'avançait un long cortège.

Le collecteur, ne se sentant plus en sûreté, avait requis, pour l'accompagner, la force armée.

A la tête du cortège marchait un soldat battant du tambour, ensuite un huissier à mine patibulaire, tenant une clochette à la main.

Des soldats suivaient, et au milieu d'eux le collecteur.

Lorsque la petite troupe fut arrivée devant la chaumière de Rousse, le collecteur fit un signe, l'huissier sonna sa clochette et le chef du petit détachement commanda halte.

C'était un sergent, beau gaillard, de façons conquérantes; il portait un justaucorps écarlate, bordé de galons mi-partis bleu et argent, ses chausses, ses bas, ses parements et les retroussés de son habit étaient bleus ainsi que son nœud d'épaule. Son sabre était suspendu à un baudrier blanc comme la cocarde de son chapeau à trois pointes, galonné d'argent, et posé de côté sur une coiffure à la cadenette nouvellement introduite dans l'armée. Cette coiffure se composait des cheveux frisés devant et réunis derrière en une queue attachée par un nœud de cuir. Il tenait à la main une longue canne à pomme d'ivoire.

Les soldats portaient aussi l'uniforme rouge, ils étaient vêtus comme leur sergent, sinon que le galon, d'argent chez celui-là, était en laine blanche chez ceux-ci.

Ils avaient sur l'épaule un fusil, invention nouvelle qui venait de remplacer le mousquet.

Leurs visages étaient sombres, ils étaient mécontents; le sergent mordillait sa moustache, se tenant à l'écart, ennuyé d'être obligé de prêter assistance à ce vilain corbeau comme il nommait aimablement le collecteur. L'huissier tira des papiers de ses vastes poches et commença la lecture du procès-verbal de saisie.

Quand il eut fini, il cria d'une voix claire :

— Jean Rousse, au nom du roi, je te fais itératif commandement d'avoir à payer la somme portée en l'acte, et les frais afférents.

Jean adossé à sa porte, les yeux baissés, ne tourna même pas la tête de son côté. Alors le collecteur s'avança :

— Puisque personne ne répond ni ne paie, dit-il, Jean Rousse, je vais procéder séance tenante à la vente de la maison et de son contenu.

— Pardon, monsieur le collecteur, dit Pierre, qui sortit vivement du groupe des paysans, j'ai l'ordre de M. le baron de vous dire de surseoir à toute exécution jusqu'à nouvel ordre.

— Où est l'ordre par écrit? dit le collecteur.

— M. le baron ne m'en a pas donné, mais vous me connaissez, monsieur, vous savez que je n'avancerais pas une chose qui ne serait point vraie.

— Vous me la baillez belle, répondit insolemment l'agent du fisc. M. le fermier général veut être payé, je ne connais que ça, moi. Payez-vous pour Rousse?

— Non, mais je vous répète que j'ai l'ordre de vous empêcher de saisir; vous vous mettriez dans un mauvais cas, en passant outre.

— Je ne reçois d'ordre que de mes supérieurs, reprit cet homme. J'ai trop longtemps écouté ces billevesées. Je me mets dans un mauvais cas, vraiment, en ne vous écoutant pas? Nous allons voir. Allons, toi, Rousse, continua-t-il, ôte toi de mon chemin, laisse-moi entrer. Et vous, huissier, procédez au recolement.

Jean toujours immobile se mit à rire d'un air sinistre, ses yeux s'allumaient d'une colère encore contenue, et une de ses mains, cachée derrière lui, serrait nerveusement sa hache.

— M'as-tu entendu, Rousse? répéta le collecteur avec brutalité.

— Grâce, monsieur, cria Germaine; consentez à attendre, soyez compatissant! Voulez-vous donc notre mort à tous? Voyez mon petit enfant, il mourra si vous nous enlevez tout jusqu'à son berceau! Grâce, attendez! disait-elle se traînant à genoux.

— Il y aura toujours assez de mauvaises graines comme vous, fit le collecteur grossièrement. Allons, place! dit-il à Jean.

— Tu n'entreras pas chez moi vivant, cria Rousse qui brandit son arme en s'élançant sur le collecteur.

Avec la rapidité de l'éclair, Pierre se jeta en avant; d'un violent coup de poing il étendit à terre le collecteur qui évita ainsi le coup mortel qui allait l'atteindre; puis saisissant la hache que Rousse tenait levée, il la lui arracha des mains et la lança au loin.

— Ah, traître! tu me désarmes, criait Rousse écumant de rage.

— Je te sauve, lui dit Pierre, veux-tu donc aller aux galères?

— A moi, soldats, cria l'agent du fisc en se relevant.

L'escouade, qui se trouvait à quelques pas, voulut s'élancer au secours du collecteur; mais soudain les paysans les enveloppèrent, les femmes, plus furieuses que les hommes, criaient :

— Désarmons-les! désarmons-les!

Elles s'élançaient résolument en avant, les mains étendues vers les soldats pour qu'ils ne pussent se servir de leurs fusils. Mais le sergent accourt avec le restant du détachement, il fait écarter à coups de crosse les femmes et les enfants qui fuient en poussant des clameurs d'épouvante.

Les quelques soldats désarmés reprennent leurs fusils, chargent les paysans, blessent quelques hommes et dégagent le collecteur qui, meurtri de sa chute, jurait de faire pendre ces rustres.

Jean Rousse se ruait contre quatre soldats en criant :

— A moi, amis! Tuez-les, tuez-les, les habits rouges!

A sa voix les paysans qui fuyaient s'arrêtèrent : ils se saisirent de tout ce qui pouvait devenir une arme entre leurs mains et accoururent une seconde fois contre les soldats.

En un instant la mêlée devint générale.

Le collecteur et son huissier, voyant la lutte sérieusement engagée, tirèrent au large, se glissèrent entre les branchages d'une haie et prirent la fuite à travers champs.

Pierre, un bras engourdi par un coup de crosse reçu en essayant de séparer les combattants, comprenant l'inutilité de ses efforts, entra dans la chaumière de Rousse; il y trouva Germaine, son enfant entre les bras, qui, étendue à terre, sanglotait à fendre l'âme.

— Cours au château, lui dit Pierre, préviens de ce qui se passe ici, parle à M. Riquet, ton mari est sauvé à ce prix.

La Germaine se leva d'un bond, sans répondre; elle s'élança dehors.

Elle courait éperdue, hors d'haleine, butant, sans les voir, à tous les cailloux du chemin. A un détour de la route elle tomba presque sous les pieds d'un cheval, arrivant au grand trot en sens contraire.

Elle leva la tête et aperçut devant elle Riquet qui, d'une

violente saccade, arrêta sa monture, au moment où, du poitrail, elle allait renverser la pauvre femme.

— Ah! monsieur le baron, c'est le bon Dieu qui vous envoie! Ils se battent! sauvez-les! on les tue! cria la malheureuse qui suffoquait.

Riquet se haussa sur ses étriers, le bruit de la lutte parvenait jusqu'à lui.

— J'y vais, répondit-il brièvement.

Et, sans se soucier du danger qu'il pouvait courir au milieu d'hommes surexcités par le désespoir ou la résistance, il partit au galop, suivi du seul laquais qui l'accompagnait.

CHAPITRE TREIZIÈME

Riquet n'était pas d'un caractère à attendre le bonheur ou le danger tranquillement chez lui. Après avoir pris les mesures nécessitées par la simple prudence en cas d'une attaque, après avoir renvoyé Andréossy en hâte à Saint-Fériol, avec des ordres sévères pour les chefs d'ateliers, il plaça ses domestiques derrière les grilles qui donnaient accès au château et attendit.

Mais cette attente d'un danger peut-être imaginaire pesait à son esprit hardi et entreprenant ; aussi, au bout de quelques heures, ne voyant pas Pierre revenir lui apporter des nouvelles de Mont-Maur, il résolut de s'y rendre.

Il fit seller un cheval et s'apprêtait à sortir, lorsqu'une fenêtre du château s'ouvrit violemment, sa femme et ses filles apparurent effarées et tremblantes sur le balcon.

— Vous sortez, monsieur? lui cria sa femme.

— Vous nous quittez, papa? s'écrièrent mesdemoiselles de Riquet.

— Ne craignez rien, mes chères, leur répondit Riquet,

si le château courait risque d'être attaqué, Pierre serait ici. D'ailleurs qui oserait vous toucher? on n'en veut qu'à moi, je vais savoir pourquoi.

Et il partit sans entendre leurs récriminations.

Lorsqu'il arriva, après sa rencontre avec Germaine, sur le lieu du combat, les paysans avaient le dessous, et si quelques-uns se défendaient encore, ce n'était plus qu'avec mollesse. Des paysans, des bûcherons blessés gisaient à terre; des femmes, leurs jupes pleines de pierres, criblaient encore de loin les soldats, atteignant amis et ennemis de leurs projectiles.

Le sergent ralliait ses hommes, formait son petit détachement en carré, afin de mettre au milieu ses prisonniers.

— Place à M. de Riquet, cria le laquais d'une voix forte.

— Que se passe-t-il? Pourquoi cette lutte? s'écria Riquet impérieusement. Sergent, avancez ici. A quel propos cette bagarre?

A cette voix, à ce nom, les derniers combattants s'arrêtèrent.

— Par la sambleu! ces vilains ont essayé de désarmer des soldats du régiment de la Couronne, répondit le sergent furieux. C'est la faute à ce collecteur endiablé et à ce paysan là qui me semble tout près d'être enragé, fit-il en montrant Jean Rousse qui, l'épaule démise, gisait livide sur la terre.

Malgré tout, c'est un vilain métier qu'on nous fait faire là, et je préférerais cent fois être avec les camarades, là-bas, avoir devant moi des visages de Hollandais ou d'Allemands, plutôt que ces museaux d'affamés. Voilà toute l'histoire, monsieur le baron, fit le sergent en assujettissant son justaucorps d'un mouvement de hanches et en tirant ses moustaches.

Ceux qui nous ont attaqués sont entre les mains de mes soldats, nous allons les conduire à Revel pour qu'on les pende, monsieur le baron, acheva le sergent.

Pierre avait reconnu la voix de Riquet, il sortit vivement de la maison.

Riquet l'interrogea du regard.

— Ce sergent a raison, monsieur Riquet, fit-il, c'est la faute du collecteur, tout ça. Je lui ai dit de suspendre sa saisie, il n'a pas voulu m'entendre ni me croire : alors cela a exaspéré Rousse, qui a perdu la tête et qui... il s'arrêta, hésitant à tout dire. Il savait que Riquet ne pardonnerait pas une tentative de meurtre.

Il rencontra le regard de Germaine, qui, revenue sur ses pas, s'efforçait d'approcher son mari blessé; le regard était si suppliant, si désespéré, Pierre savait quelle punition terrible attendait Rousse; les galères! les galères! Cette idée fit courir un frisson dans les veines de Pierre, qui pensa : Dieu me pardonnera ce mensonge en faveur de l'intention; et il continua après une minute d'hésitation :

— Alors Rousse a perdu la tête et d'un coup de poing il a jeté à terre le collecteur.

Les soldats l'ont saisi, les paysans ont voulu le défendre et...

10

Pierre ne put achever : le collecteur qui, de loin, attendait l'issue de la lutte, jugeant le moment opportun de se montrer, tourna la haie derrière laquelle il se cachait, et s'avança vers Riquet obséquieusement, l'échine courbée.

— Monsieur le baron, j'ai fait mon devoir, dit-il, ne faut il pas qu'ils payent. Ces gens, si on les écoutait, seraient toujours sans pain.

— Pourquoi n'avez-vous pas obéi à mes ordres, monsieur, demanda Riquet sévèrement ; il m'est revenu, depuis longtemps et de tous côtés, que vous accomplissiez vos fonctions avec rudesse ; je vous ai déjà fait avertir, vous n'avez tenu aucun compte de mes observations ; aujourd'hui la mesure est comble, je vous renvoie de l'administration. Allez, monsieur, vous ne faites plus partie des gabelles.

— Mais, monsieur le baron, daignez m'écouter, s'écria le collecteur humblement.

Riquet, sans paraître l'entendre, se tourna vers le groupe des prisonniers et des blessés qui, sombres, immobiles, assistaient à cette scène, attendant qu'on disposât d'eux.

— Qui vous a poussés à cette rébellion, demanda-t-il, à cette attaque contre les soldats du roi ? Ne pouviez-vous vous plaindre à moi de mes agents ? Voyons, parlez, répondez donc, l'un de vous !

Jean Rousse, tout sanglant, se souleva :

— Nous nous sommes rebellés, fit-il avec colère, parce que vos impôts nous réduisent à brouter l'herbe des champs, parce que nous en sommes arrivés à n'avoir plus même un toit pour nous abriter, parce que nous vous haïssons, vous, et vos collecteurs, et votre canal qui est cause de tout le mal; alors je me suis dit, moi, qu'il vaut mieux mourir de suite et achever de souffrir.

— Qui est cet homme? demanda Riquet à Pierre.

— C'est un de ceux que votre agent devait, aujourd'hui même, expulser de sa maison. C'est Jean Rousse.

— Tu es injuste et méchant, Jean Rousse, répondit Riquet au fermier sans s'émouvoir. Tu me hais parce que je suis le fermier des gabelles; ne les payais-tu pas avant moi? Ne faut-il pas qu'il y ait des impôts pour acquitter les grandes charges de l'état, pour payer l'armée qui défend les frontières et ton foyer?

Tu prétends que mon canal est cause de ta misère? Tu ne vois que la dépense présente qu'il occasionne, et tu ne sais pas prévoir le bien qu'il vous apportera, à tous, dans l'avenir.

Aujourd'hui tu ne peux payer la saisie parce que le prix de ta récolte, celle que tu engrangeras dans six semaines, suffira peut-être à peine à tes besoins; pourquoi cela?

Car tu as à ferme plusieurs journaux de bons terrains bien cultivables; mais tu vends pour rien aux marchands de Revel parce que, n'ayant pas de débouchés, ta récolte, comme toutes celles de tes pareils, doit se consommer sur place.

Quand mon canal sera construit, tu porteras toi-même ton blé dans le Bas-Languedoc qui manque de grains et où l'on te paiera les tiens un prix bien plus considérable que les marchands d'ici. Alors tu pourras, sans grands frais, réaliser le double des bénéfices que tu fais actuellement.

Tu vois bien que tu calcules fort mal, contre tes intérêts, et de plus en égoïste.

Et vous tous qui m'écoutez là, est ce que mon canal n'a pas déjà amené en ce pays des ouvriers de toutes espèces, des charpentiers, des forgerons, des maçons, des terrassiers?

Ces gens là ne dépensent-ils pas tout ce qu'ils gagnent chez vous, ne se fournissent ils pas de leurs objets de consommation ici? Qui en bénéficie? vous, encore vous.

Vous menacez, me dit-on, de détruire mon ouvrage? Allez, vous êtes des ingrats et des imbéciles!

La richesse publique ne consiste pas à payer peu ou point d'impôts; non, elle est dans l'augmentation du revenu de chacun.

C'est ce que je veux pour mon pays. J'y ai déjà, moi, sacrifié ma fortune. Vous semblez ne pas comprendre cette idée; vous vous révoltez contre l'autorité royale; vous désarmez ses soldats. Prenez garde, le roi est sévère contre de pareils crimes. Quant à moi, je saurai punir rigoureusement ceux qui se mettront hors la loi.

Riquet calme, un peu hautain, au milieu de cette foule tout à l'heure si effervescente et si hostile, la regardait avec un courage tranquille qui lui en imposait et la rendait muette.

Les femmes, les enfants s'étaient rapprochés; quelques

hommes, effrayés des suites de leur action, se tenaient courbés devant Riquet, sans répondre.

— Quels sont vos prisonniers, sergent? demanda Riquet.

— Les voici, monsieur le baron, répondit celui-ci désignant les paysans qui entouraient Jean Rousse, étendu à terre et qui paraissait sérieusement blessé.

— Grâce! monsieur, s'écria Germaine, grâce pour mon mari! il est blessé, mourant, ne l'emmenez pas en prison, au nom du ciel!

Sur un signe de Pierre, les autres femmes, les enfants s'agenouillèrent à leur tour, en pleurant et suppliant.

Riquet se tourna vers le groupe des prisonniers, et leur montrant les enfants, il leur dit :

— Vous aviez donc oublié ces innocents-là? Et comme Germaine lui tendait son petit enfant en l'implorant en son nom : il le prit dans ses bras, le caressa et dit.

— Que deviendrez-vous, vous autres, petits malheureux, quand le père ne sera plus là?

Il parut réfléchir tristement.

Les paysans émus, attendris de son action si simple, le considéraient anxieux.

Riquet leva la tête.

— Promettez-vous d'abandonner toute idée de rébellion, de rentrer chez vous tranquillement et de rester dorénavant ce que vous êtes, au fond, de braves gens? Voyons, répondez, fit-il tout-à-coup.

Une acclamation lui répondit :

— Oui! oui! grâce! criaient-ils en chœur.

Un bûcheron s'avança :

— Au nom de tous, dit-il, après avoir consulté du regard les autres prisonniers, au nom de tous, monsieur Riquet, je vous le promets.

— Sergent, faites ouvrir les rangs, commanda Riquet, et laissez ces gens en liberté.

— Vive monsieur le baron! crièrent les paysans, tandis que les femmes, pleurant de joie, entouraient Riquet en le comblant de bénédictions.

Riquet rendit le poupon à Germaine :

— Soignez bien votre mari, lui dit-il, il paraît malade et blessé gravement.

— Oh! il l'a bien mérité, celui-là, murmura Pierre en grognant.

— Sergent, amenez vos hommes au château, on vous indemnisera de vos fatigues, dit Riquet en s'adressant au bas-officier, et s'apprêtant à s'éloigner, au milieu des cris mille fois renouvelés de vive monsieur le baron. Il ajouta en riant :

— Tandis que vous y êtes, si vous criiez aussi vive le canal!

Et une acclamation lui répondit! — Vive monsieur Riquet! Vive le canal du Languedoc.

CHAPITRE QUATORZIÈME

La rébellion que Riquet avait calmée par de sages paroles ne se renouvela ni à Mont-Maur, ni à Mont-Ferrand; mais à Béziers, à Carcassonne, à Narbonne, à Toulouse même, il fallut employer la rigueur pour vaincre la révolte, et apaiser les mutins par la multiplicité des supplices.

Que de malheureux furent branchés pour avoir osé demander, les armes à la main, le droit de vivre, eux et leurs familles, du produit de leur travail, sans être écrasés d'impôts de toutes sortes! Les travaux du canal n'en furent pas néanmoins interrompus un jour; Riquet sut toujours maintenir parmi son peuple d'ouvriers la plus grande discipline.

Il les payait bien, sans qu'ils attendissent une heure le salaire promis; aussi pouvait-il compter sur eux.

La construction du réservoir de Saint-Fériol avançait, les rigoles étaient achevées et, dès le commencement de **1670**, une partie du canal vers la Garonne fut terminée.

Riquet y fit mettre immédiatement l'eau et s'en servit pour le transport des matériaux.

L'ingénieur du roi, envoyé par Colbert pour surveiller Riquet, M. de la Feuille, était arrivé depuis longtemps : il avait visité avec le chevalier de Clerville et Riquet tous les travaux achevés ou en voie d'exécution, et n'avait eu que des éloges à adresser à Riquet.

Un peu froid, d'abord, dans ses relations avec le créateur du canal, surveillant chaque entreprise de très près, il s'était bientôt convaincu que non seulement Riquet voulait construire solidement son canal, mais encore qu'il cherchait avec passion les améliorations utiles à y introduire. M. de la Feuille fit alors un voyage en Hollande pour se bien pénétrer des procédés de ce peuple passé maître en fait de travaux hydrauliques, et étudier sur place leur système pour désensabler les ports. Lorsqu'il revint en France, il écrivit à Colbert : « que les écluses de Riquet étaient parfaites et qu'il était étonnant qu'un homme étranger aux sciences qui forment les ingénieurs habiles, n'ayant pour lui que l'enthousiasme d'une idée, ait pu arriver à entreprendre et réussir des travaux aussi difficiles. »

Riquet menait alors de front la construction du port de Cette, les travaux depuis Trèbes jusqu'à l'étang de Thau et le bassin de Saint-Fériol.

Il était absorbé, toujours en courses.

Il rencontrait rarement, depuis quelque temps, Andréossy qui était chargé du bassin, mais, chaque fois qu'il le voyait, il lui trouvait un air singulier.

Andréossy évitait son regard, son approche, et sous le prétexte des chefs d'ateliers à surveiller, il refusait constamment de s'asseoir à la table de Riquet à laquelle celui-ci le conviait, comme autrefois, avec cordialité.

Une semblable conduite étonna d'abord Riquet, puis elle le peina.

— Ce garçon a-t-il donc quelque chose à me reprocher? se demandait-il. N'est-il point content des conditions que je lui fais? Mais alors pourquoi ne le dit-il pas?

Il faudra que je l'interroge.

Un jour, en arrivant à Saint-Fériol, il fit demander le jeune ingénieur.

Pierre lui répondit qu'il était parti pour Toulouse depuis huit jours, laissant la surveillance à M. Roux.

Très étonné de ce voyage dont il n'avait pas été informé, Riquet demanda si on en savait le motif.

— Non, monsieur Riquet, dit Pierre; du reste, depuis quelque temps, M. Andréossy semblait fort inquiet; il s'informait, les jours de courrier, s'il n'y avait rien pour lui; cela datait du reste de son envoi au roi. Ne recevant ni lettre ni message, il est parti.

— Quel envoi au roi? fit Riquet. Je ne comprends pas; au roi, dis-tu, Pierre?

Tu te trompes, nous n'avions ici aucun envoi à faire à Sa Majesté.

— Pas vous, peut-être, monsieur, répondit Pierre, mais M. Andréossy sûrement avait quelque chose à lui faire parvenir. Il travaillait à son envoi depuis longtemps; le soir, la besogne de chaque jour terminée, je l'ai vu souvent dans son petit cabinet, fort avant dans la nuit, penché sur des plans auxquels il paraissait mettre toute son application.

Il y tenait fort, car il les fit graver, et lorsqu'il confia son envoi, qui formait un gros paquet, au messager, il le lui remit avec mille recommandations.

— Je ne comprends pas ce que ce peut être; enfin il m'expliquera cela, conclut Riquet un peu intrigué de cet envoi au roi, dont Andréossy lui avait fait un mystère.

Le chevalier de Clerville vint rejoindre Riquet à Saint-Fériol; il lui apportait, de la part du ministre, concession d'établir un certain nombre de moulins le long du canal, moulins qui devaient appartenir à Riquet et à ses descendants, pour le dédommager de grosses dépenses non prévues dans le cahier des charges, et qu'il avait acquittées de ses deniers.

— Vous me voyez outré de ce qui vous arrive, monsieur, dit-il à Riquet; cette action est d'une audace inconcevable! Je ne m'explique pas comment vous avez laissé partir ce paquet au roi; moi, je l'eusse arrêté et, sans plus me gêner, j'eusse mis à néant cette épitre dédicatoire qui tend à vous faire prendre pour un imposteur.

— De quelle épitre parlez-vous, monsieur le chevalier? demanda Riquet surpris.

Le chevalier considéra Riquet : le visage de celui-ci reflétait un tel étonnement qu'il s'écria :

— Vous ne savez donc rien de ce qui se passe?

— Rien d'une épitre, rien d'une imposture, je ne comprends pas ! veuillez vous expliquer.

— C'est encore plus odieux que je ne croyais, s'écria le chevalier. Et appelant un laquais : — Qu'on aille me quérir ma valise, commanda-t-il.

Il y a trois jours, continua le chevalier, je reçus de M. de Colbert une lettre que je vais vous montrer; il m'envoyait en même temps copie d'une épitre dédicatoire, adressée au roi par François Andréossy, qui priait sa majesté d'accepter ses plans et cartes du canal du Languedoc, soigneusement revus et gravés pour elle.

Ainsi Andréossy se déclare par cet envoi le créateur du canal.

Riquet étourdi, confondu, écoutait M. de Clerville sans trouver un mot; enfin l'indignation se fit jour.

— Mais cela est indigne, monsieur ! s'écria-t-il.

— Je le sais bien, lui répondit le chevalier; ne m'avez-vous pas dit souvent à quelle occasion vous aviez connu ce jeune homme. Ce qui me paraît étonnant, c'est que vous, Riquet, vous ayez ainsi confié tous vos plans à un homme dont vous n'étiez pas sûr.

— Je me croyais sûr de lui, monsieur, répliqua Riquet. Dans tous les cas, je ne lui ai pas confié tous mes plans.

Comment a-t-il pu se les procurer?

— Voyez vous-même, monsieur, dit le chevalier en ouvrant sa valise que venait de lui remettre son valet, et étalant devant lui les cartes gravées d'Andréossy qu'il en tira. Voyez, il les a donc surpris?

Riquet examina attentivement les plans.

— Voici ceux qu'il a faits d'après les miens, dit-il, voici le parcours qu'il a rectifié lui-même, comme nous l'exécutons ; ah ! mais voyez les rives de l'Aude ; il fait passer le canal sur la rive droite.

— N'est-ce pas ainsi ? demanda le chevalier.

— Non, d'après un plan qui n'est encore connu que de moi et que vous allez approuver fort, j'en suis sûr, je le conduis, moi, par la rive gauche ; mon canal sera ainsi incontestablement plus beau et plus large. Voyez plutôt. Et s'élançant vers une cassette qu'il emportait partout avec lui, Riquet en sortit des plans qu'il tendit au chevalier.

— Le roi ni M. de Colbert n'ont pas cru ce mensonge, n'est-ce pas ? disait Riquet anxieux.

— Non, non, puisque M. de Colbert me charge de vous prévenir.

— Oh ! l'imposture est odieuse, dit le chevalier de Clerville indigné. Oser dédier au roi des plans dont il n'est pas le créateur, vouloir vous frustrer d'une partie de votre gloire !

Je ne saurais qualifier trop sévèrement une semblable conduite. Je vous le répète, monsieur, je suis outré.

— Je vous remercie, répondit Riquet en serrant les mains du chevalier, de la sympathie et de l'indignation que vous cause cette vilenie qui m'atteint profondément ; je suis heureux de vous inspirer de tels sentiments.

— Qu'allez-vous faire ? demanda le chevalier.

— Je ne sais encore ; il m'a été utile, fort utile, je ne puis ni ne veux le nier.

Si j'écoutais mon juste ressentiment, je le renverrais de suite, et cependant il me semble que je ferais mal.

Sa vilaine action ne lui profitera pas, car personne ne l'a cru, n'est-ce pas, monsieur ?

Que sa félonie lui retombe sur la conscience !

Il m'a été un collaborateur utile, je n'oublie pas si facilement, moi, les services que je lui dois. Enfin, de quelque façon que j'agisse, monsieur, ma confiance et mon amitié pour lui sont mortes, il vient de les tuer.

Veuillez me lire la lettre du ministre, monsieur, j'y veux répondre à l'instant. Il ne faut pas qu'il puisse penser que je l'ai abusé en me disant le seul créateur du canal.

M. de Clerville lui communiqua cette lettre, et, pendant qu'il en écoutait la lecture, Riquet attendri, fier de l'approbation du grand ministre qui n'avait pas un seul instant douté de lui, sentait une émotion profonde l'envahir.

Riquet écrivit à M. de Colbert la lettre que nous transcrivons ici :

« J'ai été bien surpris, monseigneur, lorsque j'ai vu une certaine carte de l'invention du sieur Andréossy, mon employé. C'est une chose qui s'est faite à mon insu et de laquelle je n'ay eu connaissance qu'après coup ; de sorte que j'en ai eu du déplaisir, d'autant que ce plan est tout à fait irrégulier, et qu'il publie des pensées que je gardais dans le secret, que je ne prétends pas exécuter sans votre avis, ainsy que je vous l'ay écrit. Cela fera qu'à l'avenir je serai plus circonspect et plus secret envers le dit sieur Andréossy et que peut-être je ne m'en serviray plus. »

Quelques jours plus tard, le ministre répondait à cette lettre : .

« La carte que le sieur Andréossy a faite de tous vos travaux à votre insçu m'a paru une entreprise fort insolente, d'autant plus qu'elle n'était pas exacte. Vous pouvez en user avec luy comme il vous plaira. »

Le cœur de Riquet, si généreux, si oublieux des injures, resta tout attristé de cette trahison.

Un jour qu'à Bonrepos sa femme l'interrogeait sur le jeune ingénieur qui n'y avait pas paru depuis longtemps, Riquet raconta toute l'histoire de l'épître au roi.

— Là, vous avais-je pas prévenu, monsieur, s'écria sa femme, de vous défier de lui? Mais non, vous ne saurez jamais vous mettre en défiance de qui que ce soit. Et qu'avez-vous fait? demanda-t-elle, comme le chevalier de Clerville avait dit qu'allez-vous faire?

— Je n'ai rien fait, ma mie, répondit son mari.

— Quoi! vous gardez près de vous ce traître! fit-elle surprise.

— Ah! le pauvre garçon! reprit Riquet; que je le plains, qu'il doit être honteux de lui-même!

— Que voilà une compassion bien placée! dit sa femme. Vraiment, monsieur, vous êtes étrange!

Qu'a-t-il répondu à vos sanglants reproches, car vous lui en avez fait, sans doute ?

— Je ne l'ai pas encore revu. Je sais par Pierre qu'il est revenu à Saint-Fériol très sombre, très inquiet, et qu'il a repris son service comme si rien n'avait dû se passer. Cependant il ne doit pas ignorer que je suis informé de tout.

— Allons, puisque vous voulez absolument garder votre Lucquois, fit Mme Riquet, avec un soupir, au moins serez-vous à l'avenir, il faut l'espérer, circonspect avec lui.

— Cela, ma mie, dit Riquet riant de la mine de sa femme, vous pouvez en être assurée.

Je ne suis pas faible, vous le savez bien : si je me souviens trop, à votre gré, des services rendus, je n'oublie pas pour cela la mauvaise action commise.

Lorsque Riquet revit Andréossy, celui-ci parut embarrassé, honteux, il cherchait à lire dans les yeux de son patron quel arrêt il allait prononcer.

— Monsieur Andréossy, lui dit Riquet simplement, j'ai pardonné, tachez d'oublier, vous, si vous pouvez.

CHAPITRE QUINZIÈME

Durant l'été de 1670, Riquet vint s'installer définitivement à Saint-Fériol, où les travaux réclamaient sa présence.

Il y amenait sa famille, pour laquelle il avait fait construire
une maison d'habitation confortable.

De plus, il avait édifié une église, creusé un puits et établi
des magasins à vivres, une poudrière, des logements pour
tous ses employés et des écuries pour deux cents chevaux.

Ses courses perpétuelles, fort longues, de Bonrepos à Saint-
Fériol, le fatiguaient beaucoup; il les évitait ainsi avec cette
installation.

M. de Clerville écrivant à Riquet lui fit part de l'arrivée
en Languedoc du fils de Colbert, le marquis de Seignelay.

« Je lui ai tant parlé de votre bassin, disait-il, qu'il m'a
paru très curieux de le visiter. Il se peut donc qu'il pousse
jusqu'à votre campement, et que nous vous arrivions sans
crier gare. »

« Nous vous recevrons le mieux du monde, répondit Riquet,
enchanté de cette perspective de la visite du fils de Colbert,

de l'homme puissant qui pouvait tout pour son œuvre et dont il sentait les dispositions changées et un peu hostiles, depuis quelque temps.

» Madame de Riquet pourvoiera à tous les détails de votre installation, et je vous attends avec joie dans notre thébaïde; amenez le; » écrivait-il à M. de Clerville.

En effet, en novembre M. de Seignelay fit annoncer son arrivée.

Riquet alla au devant de lui jusqu'au bas de la montagne, à la tête de tous ses employés, la plupart à cheval comme lui, et l'amena, en grande pompe, au nouveau village.

On peut appeler ainsi l'agglomération à Saint-Fériol, car les bâtiments qui entouraient le bassin formaient par leur groupement un ensemble imposant, et la population d'employés et d'ouvriers, rassemblés là au nombre de quatre à cinq mille, lui donnaient l'importance d'une ville.

Des ouvriers, pour éviter les longues descentes chaque soir soit à Mont-Ferrand, soit aux environs, avaient construit de petites huttes où ils vivaient avec leur famille.

Au bruit des éclats de la poudre et des acclamations des ouvriers, M. de Seignelay fit une entrée triomphale à Saint-Fériol.

Il témoigna autant de surprise que d'admiration de l'ordre et de la discipline qui paraissaient régner en ce campement et parmi ce petit peuple plein de respect pour le chef obéi et aimé.

Mme de Riquet lui donna, en ce lieu sauvage quelques mois

GRAND MUR DU RÉSERVOIR DU LAMPY

auparavant, un fort beau repas, et Riquet lui fit visiter en détail ses magasins à vivres, dont M. de Seignelay loua l'ordonnance et l'abondance.

Après le repas Riquet et M. de Clerville, qui l'accompagnaient, le menèrent au bassin.

De la rampe qui montait du campement à Saint-Fériol, la vue était admirable.

A leurs pieds, la jolie petite ville de Revel, perdue dans sa ceinture verte; puis les crêtes Saint-Paulet, Saint-Félix, Agut, toutes noyées dans une buée chaude de soleil couchant, que trouaient de points sombres les verdures de ses vignes entrelacées aux arbres et formant des berceaux; au troisième plan la flèche élancée de l'église de Puylaurens, et plus loin, à l'horizon, Sorrèze et ses forêts.

Lorsqu'on fut devant le réservoir, M. de Seignelay s'arrêta stupéfait.

Il avait devant lui toute une vallée convertie en un immense bassin, dont cent quarante toises du môle achevées lui donnaient déjà un aperçu de la grandeur de l'œuvre.

Riquet et M. de Clerville lui firent visiter les travaux commencés et il parcourut dans sa longueur le mur de barrage du bassin presque entièrement construit.

— Je viens de traverser en long et en large votre barrage, monsieur, dit M. de Seignelay, mais je ne me rends pas, à première vue, bien compte de ses dimensions; quelles sont elles? Tout ici me paraît si gigantesque que je craindrais de me tromper en me fiant à mes yeux.

Riquet lui expliqua d'abord l'utilité de l'immense réservoir qu'il créeait là, puis il lui donna les explications les plus détaillées.

— Le barrage, lui dit-il, s'étend dans toute la largeur de la vallée qui est de quatre cents toises ; l'épaisseur du mur de barrage est de trente toises, et sa hauteur de quinze toises et demi [1] ; allant d'un versant à l'autre des montagnes, il la ferme complètement. Deux voûtes en maçonnerie sont construites dans toute l'épaisseur du barrage pour les manœuvres de l'écoulement des eaux du réservoir, lorsqu'il s'agit de remplir le canal.

— Et quelle quantité d'eau pourra contenir ce bassin? demanda le marquis.

— Ce réservoir contiendra six cent cinquante mille toises cubes d'eau, et lorsqu'il sera plein, en détournant l'eau des rigoles et en ouvrant l'écluse de la Badorque, nous produirons de magnifiques cascades. Et Riquet, étendant la main, désigna à M. de Seignelay des rochers granitiques qui, des hauteurs de Naurouze, descendaient vers le bassin au milieu de la plus splendide végétation.

— Mais rien ne sera perdu de ce trésor ; j'emmagasinerai ici le trop plein des eaux des rigoles et j'alimenterai le canal pendant l'été. Donc, vous le voyez, tout est prévu pour empêcher le chômage, même par les plus grandes sécheresses.

M. de Seignelay admirait fort et ne se lassait pas d'en louer

---

1. 400 toises, soit 800 mètres ; 30 toises, soit 60 mètres d'épaisseur et 31 mètres de hauteur selon nos mesures actuelles.

Riquet qui avait conçu le projet et Andréossy qui le faisait exécuter. Il s'informa des moyens que Riquet comptait employer pour faire pénétrer l'eau du réservoir dans le canal.

— Il vous faudra des leviers puissants pour les ouvrir, si vous vous servez de vannes, dit-il.

— Nous ouvrirons simplement avec des robinets, fit Riquet.

— Des robinets, comment ça? demanda le marquis.

Riquet le fit alors descendre sous les voûtes, et lui montra la place de trois robinets, qui devaient par des tuyaux horizontaux, qui leur seraient adaptés, traverser le mur vertical établi dans le grand mur.

— Nous descendrons sous les voûtes par un escalier de trente marches que vous venez de parcourir.

— Mais comment ouvriront ces robinets géants? demanda le fils de Colbert.

— A l'aide de crics horizontaux qui éviteront toute secousse et avec lesquels on pourra régler le débit des eaux[1].

Le marquis de Seignelay voulut visiter le parcours des rigoles qui devaient amener l'eau au réservoir Saint-Fériol, et Riquet organisa une partie à cheval dans la montagne. Le lendemain il conduisit son hôte à Cammazes, presqu'à l'extrémité de la rigole de la montagne, non loin du lieu où elle se jette à la rivière de Sor.

1. Il ne se trompait pas, Riquet, en affirmant qu'on règlerait ainsi le débit des eaux; encore actuellement les mêmes robinets servent au même usage, et, malgré les progrès de la science, les ingénieurs n'ont rien trouvé de plus pratique et de plus commode.

Ils arrivèrent en cavalcade au milieu du jour; un beau soleil de novembre éclairait les maisons du petit village qui apparaissait de loin sur une éminence entourée de verdure. Un peu avant d'y arriver, Riquet fit entrer les chevaux dans le lit creusé pour la rigole et le leur fit suivre un instant.

Tout à coup le chemin se trouva barré par un rideau épais de feuillage aux branches entrelacées.

— La rigole n'est donc pas achevée de ce côté? demanda le chevalier de Clerville surpris; il me semblait que vous m'aviez dit?...

Riquet fit un signe en souriant.

Le rideau de feuillage se partagea de lui-même, les branches tirées par des mains invisibles s'ouvrirent, formant une arcade, des instruments se firent entendre, jouant un air de farandole, et une jeune fille habillée en nymphe, couronnée de fleurs, s'avança au-devant des cavaliers.

Elle s'inclina devant M. de Seignelay et lui dit en patois languedocien si doux à l'oreille :

« Tout s'incline devant le nom de Colbert et la naïade de cette rigole vous prie de daigner entrer dans son domaine souterrain. M. de Seignelay applaudit; il écouta le petit concert que lui fit donner la nymphe et s'amusa fort de cette galante surprise de Riquet.

— Je savais bien, monsieur, dit-il à Riquet, que vous étiez un savant magicien, mais je ne me doutais pas que les naïades fussent à vos ordres.

En arrière du feuillage se trouvait une porte monumentale en pierres schisteuses du pays, porte sculptée dans le genre de la porte Saint-Martin à Paris, et qui servait de tête de voûte à un souterrain.

Le marquis admira l'architecture de cette arcade qu'il trouva très belle, et entra, précédant Riquet et le chevalier, sous la voûte suivant le lit de la rigole creusée dans ce souterrain.

— Votre différence de niveau était donc considérable, monsieur, que vous avez dû percer cette voûte? demanda le fils de Colbert.

— Oui, monsieur, il m'eût fallu creuser profondément au milieu du village, ou changer ma route.

— Et ce souterrain s'éloigne-t-il beaucoup du village?

— Regardez, monsieur, regardez en arrière, répondit Riquet.

Ils sortaient alors du souterrain.

M. de Seignelay se retourna.

Il aperçut le village juché au dessus de sa tête.

La voûte s'étendait sous les maisons du village.

— Voilà qui est étrange et fort beau ! s'écria le marquis émerveillé. Je rendrai bon compte à mon père des choses merveilleuses que j'ai vues en ce pays-ci, et soyez assuré que votre œuvre n'a pas un plus fervent admirateur que moi.

Riquet mena encore son hôte jusqu'au Conquet, déversoir de la rigole dans la rivière du Sor.

Déversoir situé sur un des points les plus agrestes de la montagne.

Doucement le sentier que l'on suivait s'enfonçait dans le taillis, les chevaux glissaient sans bruit sur l'herbe épaisse et haute qui s'étendait sous leurs pieds comme un tapis d'émeraude ; sur leurs têtes une voûte que trouaient les bleus étincelants d'un ciel d'automne en Languedoc ; le feuillage bruissait de mille gazouillements rythmés par le coassement de rainettes nichées dans le tronc des vieux arbres.

On avait construit là une maisonnette qui devait être le logis du garde chargé de l'entretien de cette partie de la rigole.

— Quel lieu triste et sauvage, s'écria M. de Clerville, quelle solitude !

Je ne voudrais pas être le pauvre diable qui passera sa vie perdu au milieu de ce bois, n'ayant pour compagnons que les oiseaux l'été, et peut-être les loups l'hiver.

Au XVIIe siècle, la solitude sévère, grandiose était traitée de sauvage ; on ne pensait pas à admirer un arbre, un bois verdoyant ou doré par l'automne d'une couronne aux tons jaunissants, comme si le soleil avait laissé sur chaque feuille une parcelle de sa lumière.

On n'admirait pas davantage un beau coucher de soleil ou une échappée sur un horizon lointain : on n'aimait pas la nature, on ne la comprenait pas.

Tout au plus lui permettait-on d'exister à la condition d'être mutilée. Dans les jardins on taillait les arbres, on rognait les arbustes, on forçait les buis à représenter mille bêtes fantastiques, et on appelait cela embellir la nature. C'était lui donner des agréments à la façon des sauvages qui se percent le nez et les lèvres sous prétexte d'augmenter leurs charmes.

— N'en déplaise à monsieur le chevalier, ah! qu'il fera bon vivre là! murmura une voix à côté de Riquet.

Riquet regarda qui avait parlé.

C'était Pierre qui, appuyé à un arbre, venait ainsi d'exprimer involontairement sa pensée.

Riquet sourit, et, tandis que ses hôtes partaient en avant, pour rentrer à Saint-Fériol, il appela près de lui le compagnon de ses courses dans la montagne.

— Pierre, lui dit-il, tu trouves donc à ton gré la sauvagerie de ce coin de bois?

— Oui, répondit Pierre, j'aime cette solitude, ce silence, coupé par le doux murmure de la petite rivière ou le gazouillis de ces oiseaux qui chantent leur liberté et leur bonheur. On est plus près de Dieu ici, étant plus loin des hommes.

— Deviendrais-tu misanthrope, Pierre? s'écria Riquet. Voudrais-tu t'éloigner de moi? mais, mon camarade, nous avons à finir notre canal avant de nous séparer, tu le sais bien. J'espère qu'à moi, qui ne suis plus jeune, Dieu en laissera le temps, toi tu m'es nécessaire, j'ai encore besoin de toi.

— Vous savez bien, monsieur Riquet, que je suis à vous, répondit Pierre, aussi simplement que Riquet avait dit : j'ai besoin de toi.

— Pierre, demanda Riquet, la construction du moulin près de Revel avance-t-elle? il y a longtemps que je n'y suis descendu.

— Le moulin ! il est presque terminé, monsieur Riquet. J'y veille constamment, j'y mets tous mes soins, et vous pourrez vous vanter qu'il sera le mieux bâti de tous ceux que nous édifierons le long du canal.

— C'est ainsi que je le veux, répondit Riquet. Ne préfèrerais-tu pas, voyons, habiter, quand je ne serai plus, ce beau moulin qui sera si productif? D'ailleurs c'est ton bien, Pierre, c'est à toi que je l'ai destiné, dès le jour où j'ai posé la première pierre.

— A moi ce beau moulin! s'écria Pierre surpris. Ah! monsieur Riquet, j'y resterai bien tant qu'il le faudra garder pour vos enfants; mais ne pensez pas me transformer jamais en meunier gras et important, moi, le simple ouvrier! moi, le coureur des bois! Non, laissez-moi autour de vous à Bonrepos; ou bien, tenez, lorsque vous aurez assez de mes services, envoyez moi ici comme garde du déversoir; je n'ai pas besoin d'être riche, moi, vous le savez bien; je ne veux que vivre dans l'ombre de votre gloire.

— Gageons, Pierre, lui dit Riquet attendri, que lorsque je n'y serai plus tu finiras ici en manière d'ermite, et que tu rebouteras les pattes à tous les oiseaux tes voisins.

— Je crois bien que c'est ce qui va leur arriver, monsieur Riquet, fit Pierre riant, avec un geste de menace à l'adresse de ses futurs clients; puis gravement il reprit : vous parlez trop souvent du temps où vous ne serez plus, vous sentez-vous malade, monsieur?

— Non, ami Pierre, je ne sais pourquoi je suis attristé au-

jourd'hui. Je n'en ai pas plus sujet qu'à l'ordinaire ; cette visite de M. de Seignelay ne peut qu'aider à mes projets ; mais,
ajouta-t-il, ils ont raison de dire ceux d'ici que, si j'ai trouvé
l'art de détourner les rivières, je n'ai pas su trouver les moyens
d'arracher l'argent nécessaire à mes grands travaux. Bah!
j'en trouverai, je le veux. Notre canal coulera, je te le jure.

Et Riquet, faisant un geste d'amical adieu à son compagnon, rendit la main à son cheval et partit à la recherche de
ses hôtes trop longtemps oubliés.

CHAPITRE SEIZIÈME

Les difficultés d'argent augmentaient tous les jours : Riquet était harcelé par l'intendant du Languedoc qui exigeait qu'il payât au trésor les redevances des gabelles.

Les États de Toulouse fournissaient aussi de l'argent, mais avec quelle peine on obtenait d'en toucher le montant. Cependant Riquet avait à ses ordres dix mille ouvriers qu'il devait payer chaque semaine, somme énorme à débourser, sans parler des outils, des fers, des matériaux de toutes sortes à acheter ou entretenir en bon état, et des chevaux nécessaires à l'entreprise.

Lorsque les sommes promises n'arrivaient pas à temps, Riquet empruntait à gros intérêts sur sa propriété, c'est-à-dire le canal même, et insensiblement sa dette augmentait sans remédier aux difficultés sans cesse renaissantes.

Deux ans s'étaient écoulés depuis la visite de M. de Seignelay, et Riquet avait entrepris la création du port de Cette et des deux jetées qui le ferment, telles qu'elles existent encore.

Tandis que le canal, achevé depuis Toulouse jusqu'à Trèbes, et livré au roi, se poursuivait dans sa seconde partie de Trèbes à l'étang de Thau par Béziers et Agde, lui, il construisait le port, et faisait établir une chaussée au milieu de l'étang pour le passage de ses ouvriers.

Cet étang de Thau était alors et est encore une petite mer intérieure d'une étendue de soixante kilomètres, qui n'est séparée de la Méditerranée que par une langue de dunes sablonneuses, sur lesquelles est bâtie la ville de Cette, et qui s'étendent depuis le cap de Cette jusqu'aux environs de la ville d'Agde.

Les barques ne pouvaient traverser l'étang qu'à la voile, souvent non sans danger à cause des vents violents qui le sillonnaient en tous sens.

Riquet avait d'abord pensé à laisser son canal à son entrée dans l'Hérault, près d'Agde, mais il voulut éviter les dangers d'une navigation sur l'étang, et il le continua directement jusqu'au port de Cette, à travers la dune, sur une longueur de sept cent cinquante toises (1500 mètres) et sur une largeur de vingt toises (40 mètres).

Il avait à lutter là, non seulement contre le manque d'argent, contre les mauvais vouloirs des hommes, mais encore contre les éléments.

En effet, presque chaque jour, l'œuvre de la veille était à recommencer.

Les terrassements sortaient à peine de terre qu'il survenait un ouragan qui, soulevant des montagnes de sables enlevés aux dunes voisines, les précipitait en tourbillons sur les ouvrages, et le lendemain il fallait dégager les fondations de cette fine poussière qui les ensevelissait. Mais rien ne décourageait ce vaillant ; il allait lui-même, encourageant les travailleurs, ne se laissant rebuter par aucune mauvaise chance et disant :

— On triomphe de tout avec de la volonté et du courage.

Comme les dépenses nécessitées par la création de ce port étaient énormes, M. de la Feuille était venu surveiller et contrôler les devis et M. de Clerville faisait les plans et dessins des jetées.

Fréquemment avaient lieu des incursions de Marocains, qui se hasardaient sur les côtes de France et essayaient d'enlever les travailleurs pour les emmener en esclavage.

Riquet se rendait souvent dans les chantiers, montrant par sa présence qu'il ne fallait pas craindre ces forbans écumeurs de côtes.

A ce propos Riquet écrivait plaisamment à Colbert, après une tempête qui avait failli tout détruire dans le port.

« Je m'en console, parce que, tant qu'il fera un pareil temps, je n'aurai rien à craindre des Marocains ; s'ils viennent à m'enlever lorsque je serai avec messieurs de Clerville, et de la Feuille, je crois que tous trois joints ensemble nous nous trouverions avec assez de bonnes qualités pour être employés par eux à de meilleures occupations que la rame. M. de Clerville ferait des dessins, M. de la Feuille les polirait ou les contredirait, et moi j'en ferais de ma part, et les exécuterais en personne. Enfin tous trois nous sommes bons à quelque chose. »

En partant pour Cette, Riquet avait ordonné que l'on remplît le réservoir de Saint-Fériol aussitôt son achèvement qui ne pouvait tarder.

Il s'était plusieurs fois informé de l'opération et s'inquiétait un peu de savoir comment fonctionnaient les robinets, si les écluses sur la rigole de la montagne s'ouvraient régulièrement, et si le rendement des rivières et ruisseaux était abondant.

Il ne recevait aucune réponse à tous ses messages; aussi prit-il la résolution, ne pouvant maîtriser son impatience, de se rendre sur les lieux et de juger par lui-même de la mise en état complète du bassin.

M. de Clerville et de la Feuille restaient à Cette pour suivre et faire exécuter les plans du port; Riquet pouvait donc s'absenter sans crainte.

Depuis quelques jours, Riquet se sentait souffrant, mal à l'aise; de nombreux cas de fièvres paludéennes s'étaient déclarés parmis les travailleurs, qui, tout le jour, sous un soleil torride, remuaient cette terre autour d'un étang d'où sortait au coucher du soleil, une buée chaude, lourde, enveloppante et énervante. Riquet lui-même avait eu quelques accès légers de fièvre; il voulut cependant se mettre en route malgré tout.

L'été était brûlant; partout la sécheresse la plus épouvantable, les sources taries, et les paysans obligés souvent de faire de longues lieues pour trouver de quoi désaltérer eux et leurs bêtes de somme.

Les chemins étaient rendus impraticables par une poussière blanche aveuglante qui s'élevait en tourbillons sous l'action du vent du midi, enveloppait les voyageurs et leurs chevaux d'un nuage épais, et suffoquait bêtes et gens, sans qu'il fût possible de s'en garantir. Riquet souffrit beaucoup durant ce voyage; il eut, dans le trajet, deux atteintes de fièvre assez fortes pour l'obliger à descendre de sa monture et à passer, couché, inerte, au pied d'un arbre, tout le temps des accès. Aussi arriva-t-il brisé à Bonrepos où sa famille venait de rentrer.

A peine y fut-il, qu'il s'enquit avec anxiété, fit venir Roux et Andréossy.

— Eh bien, le canal? l'eau y entre-t-elle bien? les robinets fonctionnent? le bassin s'emplit? demanda-t-il fiévreusement.

— Le canal est bien, lui répondirent les deux ingénieurs; nous l'avons reconnu à sec, les robinets s'ouvrent facilement; mais il n'y a pas d'eau dans le canal, parce que le bassin n'en a pas, pas plus que la rivière du Sor qui doit lui en fournir directement, pas plus que les rigoles.

La sécheresse est exceptionnelle, il faut attendre maintenant, pour emplir le bassin, les pluies d'automne.

— Pas d'eau! pas d'eau! s'écria Riquet, attendre les pluies! Impossible! ne sentez-vous pas que cette attente est désastreuse pour moi, ne sentez-vous pas que les calomniateurs et les méchants vont avoir beau jeu pour écrire au ministre, me railler et me perdre.

Il continuait, se promenant à grands pas dans son cabinet.

— Jamais, depuis de longues années, les gens du pays affirment n'avoir vu semblable sécheresse, monsieur, dit Andréossy. Les eaux du Lampy, si abondantes toujours et par fois terribles, même en été, ont cessé de couler; sa source est tarie.

— Pas d'eau! répétait toujours Riquet.

— M. de Colbert est trop juste, monsieur, continua le jeune ingénieur, pour ne pas démêler la vérité, si les calomniateurs osaient vous attaquer. Vous n'avez rien à craindre et...

— Je ne crains rien, ni personne, monsieur, s'écria Riquet; je ne voudrais pas fournir d'armes aux méchants, voilà tout.

S'apercevant alors qu'Andréossy confus baissait la tête, croyant que les vives paroles de Riquet s'adressaient à lui et lui reprochaient son action : il reprit plus doucement.

— Je sais, messieurs, que je n'ai pas à me défendre en ce pays; mais qui sait ce que diront ceux qui ne peuvent pas juger de près de cette sécheresse terrible que nous subissons. Ils diront que mon bassin est mal construit, qu'il ne retient pas l'eau, que mes robinets ne s'ouvrent pas; que sais-je ce qu'ils inventeront ?

Je suis persuadé que la calomnie qui s'attaquera à mon œuvre tombera d'elle-même devant sa grandeur; mais je crois néanmoins que voici une calamité qui peut prêter à la

DIGUE DU RÉSERVOIR DE SAINT-FERRÉOL

malveillance des armes puissantes. Ne pouvons-nous combattre ce fléau ?

— Et comment serait-ce possible ? firent ensemble les deux ingénieurs.

— N'importe, je veux aller moi-même aux sources, voir ce que nous pouvons faire, s'écria Riquet.

Alors, sans vouloir rien entendre, il décida son excursion dans la montagne, fit seller des chevaux et partit une heure après, accompagné par Pierre, Andréossy et suivi de quelques valets.

Il était excité, nerveux, fort pâle, les yeux creux, les dents serrées, il ne parlait pas. Il tourmentait la bride de son cheval et le poussait en avant comme s'il avait hâte d'arriver.

Andréossy, Pierre le regardaient d'un air surpris et inquiet.

— Bien sûr, M. Riquet a quelque chose, murmurait Pierre, ce n'est plus le même homme.

Quand on atteignit, après une longue course, les premières rampes de la montagne et qu'on entra sous bois, Riquet sentit un long frisson.

— J'ai froid, dit-il à Pierre, prête-moi ton manteau.

Et Pierre qui marchait à son côté, son manteau de laine sur l'épaule, le lui tendit.

On continua de gravir.

— Pas d'eau ! pas d'eau ! disait Riquet entre ses dents serrées.

Tout à coup on le vit étendre les mains devant lui comme

s'il se croyait devant un abîme, et se renverser violemment en arrière.

Andréossy et Pierre se précipitèrent à ses côtés et n'eurent que juste le temps de le soutenir au moment où il s'affaissa inerte entre leurs bras.

— Mon Dieu! mon maître! cria Pierre éperdu.

Avec mille précautions, ils le descendirent de cheval, et l'étendirent sur l'herbe; Andréossy vivement ouvrit sur sa poitrine son justaucorps et défit sa cravate.

— Est-il mort? demanda Andréossy anxieux.

— Il vit! grâce à Dieu, répondit Pierre, qui touchait le cœur, ce n'est qu'un évanouissement.

— La fatigue de ce long voyage, peut-être? dit l'ingénieur.

— Cette fièvre de marais plutôt, reprit Pierre, tâtant le pouls de Riquet qui battait à grands coups irréguliers. Il en a eu déjà plusieurs accès.

— Il faut le transporter de suite à Bonrepos. Allons, commanda Andréossy aux laquais, coupez les branches les plus flexibles avec leurs feuilles, puis avec de jeunes arbres nous ferons un brancard.

Les valets confectionnèrent tant bien que mal, aidés par Pierre, une espèce de lit de feuillages sur lequel on étendit Riquet toujours sans connaissance, enveloppé dans le manteau de Pierre; et la petite troupe redescendit la rampe.

Les valets portaient leur maître.

Andréossy ainsi que Pierre le soutenaient sur les côtés.

— Ne vaudrait-il pas mieux nous arrêter ici? demanda le

jeune ingénieur, lorsqu'ils atteignirent les premières maisons de Mont-Ferrand.

— Non, non ! s'écria Pierre, nous n'aurions ici rien de ce qui serait nécessaire à un malade.

Cet accès me paraît grave ; il peut être le prélude d'une maladie ; je vais courir à Revel, chercher le médecin. Vous monsieur, poursuivez votre route jusqu'à Bonrepos.

Andréossy envoya prévenir au château le laquais qui ramenait les chevaux et le triste cortège continua sa marche.

Riquet ne reprit ses sens que sous l'effet des dérivatifs à la mode de ce temps là. On lui baigna les tempes avec de l'eau de la reine de Hongrie, Mme Riquet désolée lui faisait respirer de la poudre de corne de cerf ; enfin il ouvrit les yeux, mais il ne reconnut personne et retomba bientôt dans une prostration qui n'était pas un évanouissement et dont rien ne pouvait le tirer.

Pierre arriva enfin avec le médecin qui hocha la tête sous son immense perruque noire et s'empressa de saigner Riquet au pied, selon l'usage du XVIIe siècle, usage qui s'appliquait généralement à toutes les maladies, que ce fût la fièvre ou une fluxion de poitrine, une chute ou un coup d'épée, dont souffrît le patient.

Les médecins d'alors étaient d'avis que saigner et surtout au pied ne pouvait, en tous cas, que soulager.

Les réactifs énergiques tirèrent Riquet de sa prostration ; mais un délire violent s'empara de ses sens et ne le quitta plus durant un mois, le laissant entre la vie et la mort, criant, se débattant; une idée fixe semblait revenir sans cesse à travers l'incohérence de ses pensées.

— Il faut de l'eau! criait-il, de la pluie! de la pluie! mon bassin est à sec, je veux de l'eau.

Sa robuste constitution le soutenait et l'empêchait de succomber sous le mal et la fièvre ardente qui le minaient.

Mme Riquet, dès le début de cette terrible maladie, avait envoyé un exprès à son fils aîné, Jean-Mathias, le conseiller au parlement, qui était accouru avec sa femme et ses enfants, et, tous réunis autour de ce lit, désespérés, attendant une issue funeste qui paraissait inévitable, ils sentaient que cette vie qui allait s'éteindre emportait avec elle la fortune et la gloire que cet homme de génie devait leur conquérir.

Depuis quelques jours le médecin, qui ne quittait pas son malade, trouvait qu'il se calmait, la fièvre diminuait, le délire cédait parfois pendant quelques heures; alors Riquet regardait autour de lui languissamment et demandait d'une voix à peine distincte :

— Pleut-il? oh de l'eau! qu'il pleuve!

Qu'il fût agité par le délire ou que son esprit fût plus calme, toujours cette idée fixe l'obsédait.

— Ah! s'il pouvait pleuvoir! s'écria le médecin, si nous pouvions agir sur son imagination, s'il pouvait croire qu'il pleut, murmura-t-il, nous le sauverions.

Mademoiselle Marie de Riquet, était seule en ce moment avec Pierre auprès du lit de son père. La même pensée les frappa en même temps, ils se regardèrent.

— Il faut qu'il pleuve, dit Pierre.

Mademoiselle Riquet s'élança vers le médecin.

— S'il pouvait croire qu'il pleut, dit-elle tout bas, haletante, vous croyez qu'il serait sauvé?

— Oui, mademoiselle, je le crois, — et examinant Riquet qui était retombé affaissé sur ses oreillers, les yeux à demi clos, perdu dans sa rêverie délirante. — L'imagination souffre surtout en ce moment, s'il voyait la pluie tomber, je réponds de sa vie; mais hélas! regardez, mademoiselle, — et il lui montra du doigt le ciel bleu, implacablement bleu, depuis deux mois.

Marie ne répondit pas au médecin.

— Pierre, appela-t-elle, et tout bas, lui parlant avec animation, elle sembla expliquer quelque chose.

— Cela se peut, n'est-ce pas? dit-elle en finissant.

— Si cela ne se peut pas, ça se fera tout de même, répondit Pierre en s'élançant dehors.

Alors mademoiselle Marie, aidée par le médecin qui ne comprenait rien à cette fantaisie, fit rouler le lit de son père vers la fenêtre qu'elle entrouvrit, elle tira les rideaux de manière à cacher une partie du ciel, tout en laissant un léger écartement entre eux afin que son père put voir au dehors.

Elle attendit anxieuse, sortant à chaque instant sur le balcon; sa mère, sa sœur entrèrent.

— Parlez à papa, leur dit-elle, empêchez qu'il ne s'endorme; vous, monsieur, soulevez-le un peu sur son lit.

— Mais, ma fille, pourquoi cela? dit Mme Riquet.

Cette somnolence est bonne, au contraire, dit le médecin.

Il ne put continuer ce qu'il allait dire :

Tout à coup, comme si une trombe se fût abattue sur la maison, une colonne d'eau dégringola du toit avec un bruit de cascade jusque sur le balcon, et éclaboussa même la chambre.

— Ah, comme il pleut! s'écria Marie. Elle s'élança vers le lit de son père, s'agenouilla, lui prit la tête, le força à se tourner vers le balcon.

— Voyez donc, mon papa, disait-elle, voyez donc!

L'eau tombait toujours à grand fracas.

— Qu'est ceci? s'écria Mme Riquet; mais il ne...

Le médecin avait compris.

— Chut! madame, dit-il tout bas; si votre mari croit qu'il pleut il est sauvé.

— Papa, regardez donc comme il pleut! disait Marie.

— Ah! comme il pleut, répétaient Mme Riquet et sa seconde fille.

Riquet parut comprendre ce qui se disait : il se souleva péniblement, regarda l'eau qui tombait toujours à grands flots du toit sur le balcon, ses traits se détendirent comme si cette eau eut apporté un peu de fraîcheur à son front brûlant, un sourire vague se dessina sur ses lèvres sèches.

— Un orage! de l'eau enfin! murmura-t-il. Comme cela me fait du bien.

Et accoudé, il regarda avidement cette eau qui semblait le faire renaître.

Elle descendit ainsi longtemps; à la fin Riquet, lassé mais rafraîchi, s'endormit d'un sommeil paisible.

— Mademoiselle, déclara le médecin, après avoir tâté le bras de Riquet et considéré attentivement sa physionomie reposée, une détente s'est opérée, le pouls est calme, il est sauvé !

— Dieu soit loué ! répondit Marie avec ferveur. Fermez la fenêtre, monsieur. Maintenant expliquez ce qui vient de se passer à maman qui nous regarde avec des yeux agrandis par l'étonnement, continua la jeune fille riant de joie. Et dans un envolement, elle sortit disant : — Moi je vais relever ce brave Pierre de son rôle de cataracte.

Pierre, sur l'ordre de Marie, avait mis à la chaîne tous les valets, les uns tirant de l'eau au puits, les autres se passant les seaux de mains en mains à travers l'escalier et les lui tendant par les lucarnes des mansardes, pendant que, juché sur le toit, il versait sur les ardoises cette eau bienfaisante qui se précipitait, jaillissant sur le balcon, et procurait ainsi à son maître l'illusion de cette pluie que, dans son délire, il appelait avec anxiété.

Une idée ingénieuse venait de sauver Riquet.

CHAPITRE DIX-SEPTIÈME

La convalescence de Riquet fut longue; l'impatience qu'il avait de surveiller ses travaux et l'immense comptabilité qui en ressortait empêchaient par une trop grande tension du système nerveux, ses forces de renaître.

Un jour que, malgré l'avis du médecin, il s'était fait apporter, auprès du fauteuil où le clouait sa faiblesse, ses papiers et ses comptes, son fils Jean-Mathias entra dans sa chambre et le voyant pâle, la sueur au front, il se permit de lui dire qu'il avait grand tort de ne pas vouloir écouter son médecin, qu'il retardait ainsi une guérison si ardemment attendue.

— Il faut que je fasse réponse à tout ceci, dit Riquet lui montrant une nombreuse correspondance à ses côtés. Depuis ma maladie tous les travaux languissent, rien ne se fait à mon gré, et personne ne pouvant prendre une décision, rien ne se termine.

— Ne puis-je vous aider, mon père? demanda le conseiller. Voyez la fatigue vous accable, et ces deux heures de travail vous ont brisé.

— Ah ! comme je vieillis, fit Riquet, si je n'allais pas pouvoir achever mon œuvre, continua-t-il avec une tristesse navrante.

— Ne parlez pas ainsi, mon père, s'écria Jean-Mathias, vous êtes jeune encore, vous reprendrez vos forces, et votre vigueur d'il y a quelques mois.

— Ce serait bien cruel, vraiment, dit Riquet, absorbé dans son idée, sans répondre à son fils, si je ne voyais pas mon œuvre achevée : non, c'est impossible ! qui s'en chargerait, si je n'étais plus là ? fit-il avec véhémence.

Tout à coup il releva la tête, une espérance joyeuse animait ses traits qui prirent une expression de résolution.

— Si je ne suis plus là, murmura-t-il, mon œuvre sera achevée, malgré tout.

Il enveloppa son fils d'un long regard.

— Tu m'offrais ton concours tout à l'heure, Mathias, lui dit-il.

— Oui, monsieur, je suis prêt à vous servir, à vous aider, à vous épargner la fatigue, si je le puis.

— J'accepte ton offre, mon cher fils. Mais je ne te demande pas ton aide temporaire, je veux t'associer à mon œuvre.

Le veux-tu ?

N'est-ce pas beaucoup te demander, que de t'éloigner de Toulouse et de fonctions au parlement qui te plaisent. Vois-tu, Mathias, cette maladie m'a abattu, elle peut se reproduire. Il faut que, moi mort, mon œuvre ne périsse pas avec moi : et, si je ne suis plus là, il faut qu'un Riquet achève ce qu'a commencé un Riquet.

— Je vous comprends, mon père, je suis à vos ordres.

Dieu vous laissera à nous de longues années encore, je l'espère; mais si mon concours vous peut être utile dès à présent disposez de moi, mon père, me voici.

— Merci, Mathias, fit Riquet, en serrant la main de son fils; assieds-toi là et dépouillons vite ensemble cette volumineuse correspondance.

Parmi cette correspondance se trouvait une lettre de Colbert trop flatteuse pour l'auteur du canal pour que je ne la transcrive pas ici.

30 novembre 1672.

« Monsieur,

« L'amitié que j'ai pour vous, et les services que vous rendez au roi et à l'État, dans la plupart des soins que vous prenez, et l'application toute entière que vous donnez au grand travail du canal m'avait donné beaucoup de douleur du mauvais état auquel votre maladie vous avait réduit; mais j'en ai été bien soulagé par les lettres que je viens de recevoir de votre fils du 23 de ce mois, qui m'apprennent que vous êtes entièrement hors de péril et qu'il n'est plus question que de vous rétablir et de reprendre des forces qui vous sont nécessaires pour achever une si grande entreprise que celle où votre zèle pour le service du roi vous a fait engager; et quoique cette nouvelle m'ait donné beaucoup de joie, je ne laisserai pas d'être en inquiétude jusqu'à ce que je reçoive de votre main des assurances de votre bonne santé.

13

» Ne pensez qu'à la rétablir, et soyez bien persuadé de mon amitié et de l'envie que j'ai de vous procurer à vous et à votre famille des avantages proportionnés à la grandeur de votre entreprise.

» Je suis tout à vous.

« COLBERT. »

Jean-Mathias Riquet de Bonrepos vendit sa charge au parlement et, dès ce jour, fut associé à son père dans sa grande entreprise.

Quand Riquet fut en état de sortir, il voulut de suite visiter les travaux du canal, poursuivis durant son séjour à Cette et pendant sa maladie.

Il emmena Jean-Mathias avec lui pour l'initier aux mille détails d'une œuvre si multiple dans son unité, détails que la vue lui ferait bien mieux comprendre que toutes les descriptions.

Ils suivirent le canal de l'endroit où la petite rivière de Fresquel, qui descend des hauteurs de Naurouze, se jette dans l'Aude ; là on avait construit un superbe pont aqueduc.

En-dessous, coulait la rivière, sur le pont passaient le canal, et une route qui va de Carcassonne à Castres.

Il était à trois arches, avait vingt-cinq toises de long, et se trouvait à cinquante-deux toises et demie au-dessus du niveau de la mer [1].

____

1. 50 mètres de long et 101 mètres 57 cent. au-dessus de la mer.

PONT CANAL DU FRESQUEL

Rien n'était plus pittoresque pour les cavaliers et les piétons que de suivre cette route aérienne sur le pont, côtoyant les grandes barques, et, en se penchant ; d'apercevoir le Fresquel qui roulait ses eaux gaies et frémissantes dans le ravin.

Riquet et son fils allèrent ainsi, inspectant les travaux, suivant le lit du canal qui longe toujours l'Aude jusqu'au-dessous d'Argens où commence la grande retenue de Fonse-ranne de vingt-sept mille deux cent soixante toises de lon gueur.

Les travailleurs très nombreux en cet endroit les arrêtèrent longtemps.

Riquet était fort perplexe ; il avait là, en face de son canal, la montagne d'Anserunne, dont la rivière, l'Aude, se détourne presque à angle droit, pour aller se jeter dans l'étang de Vendres.

En faisant passer son canal à Nissan, il évitait le passage de la montagne, et la différence énorme de niveau qu'il trou-vait, arrivé sur l'autre versant. Mais il était né à Béziers, il avait promis à ses concitoyens de faire passer le canal au mi lieu de leur ville ; et d'ailleurs il ignorait les obstacles terribles qu'il allait rencontrer dans cette percée de la montagne. Il décida donc de s'en tenir, malgré les avis d'Andréossy et du chevalier de Clerville, à ses premiers plans, et que le canal quitterait l'Aude, passerait au travers d'Anserunne pour aller rejoindre la rivière d'Orb et Béziers.

D'un autre côté, les difficultés d'argent augmentaient en-core chaque jour ; le port de Cette engloutissait des sommes énormes, et comme Riquet voulait son œuvre parfaite, il n'hésitait jamais à doubler une dépense de son devis, lorsqu'elle devait donner à son canal plus de solidité et de beauté.

Au premier août 1673, la ferme des Gabelles redevait au trésor quatre cent mille livres. Cette violation nouvelle de leurs conventions irrita profondément Colbert, qui, de loin, ne pouvait se rendre compte des dépenses et des augmentations nécessaires.

Ses dispositions déjà changées devinrent, à partir de ce moment, tout à fait hostiles au créateur du canal.

Dans un mémoire fort dur, le ministre dénonça au roi le crédit, et proposa d'en exiger immédiatement le remboursement.

Vainement Riquet lui écrivit :

« Qu'il aurait pu, exécutant strictement le devis, dépenser beaucoup moins, que telle eût été la conduite d'un entrepreneur ordinaire, mais qu'il avait préféré doubler sa dépense, pour donner à son œuvre une plus grande solidité. »

Colbert ne voulut pas entendre ses raisons et à chaque courrier, l'intendant de la province et M. de la Feuille recevaient l'ordre de surveiller de près les comptes de Riquet.

Plusieurs années se passèrent ainsi, au milieu de débats irritants avec le ministre, et de difficultés de toutes sortes, sans cesse renaissantes.

Riquet, qui avait recouvré complétement sa santé, avait repris avec elle sa vaillance et sa persévérance : aussi luttait-il courageusement contre les exigences un peu tracassières du ministre.

Il était infatigable, aidé par son fils pour la comptabilité‧ énorme auxquelles donnaient lieu les gabelles du Languedoc, il s'occupait à la fois du canal devant la montagne dont on commençait la percée, et du port de Cette qui s'achevait.

Colbert restait toujours malveillant et à cette malveillance venait se joindre maintenant une défiance que rien ne justifiait, ni la conduite antérieure de Riquet, ni sa vie actuelle, toute au travail et à l'enthousiasme de son œuvre.

Cependant le ministre écrivait en 1678 à M. de la Feuille :

« Surveillez bien cet homme ; il peut faire tort à l'État par son peu d'économie, soit par des gratifications inconnues ; vous devez donc commencer à bien examiner *s'il a fait des ouvrages pour l'argent qu'il a touché.* »

Riquet apprit l'accusation de Colbert, M. de la Feuille honteux la lui fit connaître, et comme il disait à Riquet :

— Écrivez au ministre combien il se trompe sur votre compte.

— Je n'en ferai rien, s'écria Riquet indigné, s'il n'a pas su me juger, tant pis pour lui.

Qu'il se défie, qu'il m'accuse ! j'ai un témoin de mon honnêteté qui parlera plus haut que tous les témoignages, c'est mon œuvre !

Et il ne voulut jamais se disculper d'une accusation qu'il regardait comme trop odieuse. M. de la Feuille détruisit-il la grave accusation porté contre Riquet ? on ne sait ; mais Colbert ne la renouvela plus.

On s'était résolu à percer la montagne dans un endroit

•où elle paraissait le plus accessible, et d'où le canal rejoindrait, en ligne directe, la rivière d'Orb qui descendait dans la vallée, sur le versant opposé.

Riquet se trouva alors devant un obstacle qu'il n'avait pas prévu.

La montagne se prolongeait par mamelons dégradants jusqu'en vue de Béziers et la vaste plaine qui l'entoure actuellement était couverte alors par le grand étang de Montady. Riquet ne s'était pas aperçu que cette montagne était en partie composée de tuf sablonneux. Or, à mesure que l'on creusait la galerie sous laquelle devait passer le canal, tout s'éboulait sous les pioches des travailleurs, et ce que l'on avait ouvert la veille était enseveli dans le sable le lendemain.

Riquet, aidé par un ingénieur, Pascal de Nissan, cherchait à vaincre cet obstacle qui paraissait insurmontable.

Pascal de Nissan fit faire des traverses en bois pour soutenir les sables, mais rien ne tenait contre cette force immense. Les traverses cassaient comme verre sous le poids des sables; et la montagne menaçait, si on persistait dans cette résolution, de descendre dans l'étang et de combler par surcroît la partie du canal qui venait s'y amorcer et le traverser.

Le danger était terrible pour les ouvriers et presque tous finirent par refuser le travail en cet endroit dangereux.

Les semaines, les mois se passaient, les ouvriers découragés, attaquaient mollement avec mille précautions, et encore c'était à [grand peine que Pierre obtenait qu'ils revins-

SOUTERRAIN DE MALPAS

sent au chantier. Ils disaient que c'était folie; s'exposer sûrement à se faire ensevelir sous cette montagne de sable. Ils cessèrent bientôt toutes tentatives et déclarèrent que l'on ne traverserait jamais ce *mal-pas* (mauvais pas) nom qu'ils donnèrent à cet endroit et qu'il a conservé depuis.

Pascal de Nissan, Pierre, les supplièrent en vain de continuer les travaux. Ils durent alors avertir Riquet de ce qui se passait, et le conjurer de venir à Mal-pas.

On écrivit méchamment à Colbert :

« que la seconde partie du canal avait échoué parce qu'il avait la tête dans une montagne de sable, et à ses côtés deux étangs de vingt-cinq pieds plus bas que son niveau. »

Tout le pays répétait :

— Ah! M. Riquet ne passera jamais le Mal-pas !

Les gentilhommes des environs, les bourgeois de Narbonne, venaient là, en partie, pour se moquer de Riquet et de son canal.

L'archevêque de Narbonne voulut aussi voir par lui-même cette terrible percée de Mal-pas. Il vint avec ses secrétaires, écouta attentivement les explications de Pascal de Nissan qui le prévint de l'arrivée attendue de Riquet sur les lieux.

L'archevêque demanda à voir le tracé du tunnel qui lui parut impossible à exécuter.

— Que comptez-vous tenter encore? dit l'archevêque en hochant la tête, serez-vous donc forcés de changer le parcours du canal?

— J'espère que non, répondit Pascal de Nissan; je crois

que j'ai trouvé enfin le moyen de soutenir les sables; si M. Riquet l'approuve, nous pourrons essayer ce que j'ai imaginé.

— Voilà qui est bien chanceux, dit l'archevêque, et comme ses secrétaires et les personnes de sa suite s'avançaient vers lui, riant et se moquant de ce pauvre canal ensablé : — Je connais M. Riquet, continua monseigneur de Narbonne, et son énergie indomptable : rira bien qui rira le dernier.

— Mais monseigneur, dit un de ses secrétaires, nous avons gravi une partie de la montagne, sûrement ces travaux souterrains ébranlent la masse et produisent des éboulements successifs : il suffit de voir pour s'en rendre compte.

Cet obstacle est non seulement difficile, il est invincible. N'est-ce pas aussi l'avis de votre Grandeur?

L'achevêque assis en ce moment devant la tranchée, avait en face de lui un énorme bloc de sable crayeux, nouvellement descendu de la montagne.

— Prêtez-moi un couteau, dit-il à son entourage; il se leva, prit le couteau qu'on lui tendait, et sans répondre, un fin sourire sur les lèvres, il se mit à entailler le bloc.

Il gravait de larges lettres romanes.

On regardait sans comprendre.

Quand il eut fini, il découvrit ce qu'il venait d'écrire.

— Voici ma réponse, fit-il.

Une explosion de rire éclata de toutes parts, à ses côtés.

Il y avait gravé en langue romane *Ten bonriquet.*

Cette inscription pouvait avoir une double interprétation.

Traduite en français elle signifiait : Tiens bon Riquet, mène ton travail à bonne fin.

C'était un encouragement.

En langue vulgaire, en patois, en deux mots, au lieu de trois, et en changeant une lettre, elle devenait une insulte.

Le mot bourriquet signifiant un âne.

Autour de l'archevêque, on le prenait dans le mauvais sens, et l'on riait.

Pascal de Nissan se mordait les lèvres sans rien dire.

— Allons, messieurs, il se fait tard, fit l'archevêque, toujours son enigmatique sourire sur les lèvres, partons, et se tournant vers l'ingénieur :

— Tous mes compliments à M. Riquet, dit-il, et tous mes encouragements.

Et l'archevêque et sa suite remontèrent dans les carosses qui les avaient amenés.

Après le départ du prélat, les ouvriers vinrent voir avec curiosité ce que l'archevêque avait écrit, qui avait tant égayé sa compagnie.

Personne ne savait lire.

On appela Pierre qui passait pour être un savant, très savant, comme ils disaient.

Pierre déchiffra péniblement entre ses dents cette vieille écriture ancienne des manuscrits.

Comment lisait-il? On ne savait ce qu'il lisait, mais il fronçait terriblement les sourcils.

— Qu'y a-t-il donc là? monsieur, demanda-t-il à Pascal de

Nissan qui revenait; il me semble que je dois me tromper;
bourriquet, mâchait-il d'un air furieux.

— Je ne sais moi-même si c'est une figue ou un raisin que
l'archevêque a laissé là, répondit l'ingénieur.

En ce moment un chef d'atelier annonça l'arrivée de Riquet.

— On m'apprend que je manque d'une heure à peine la
visite de l'archevêque de Narbonne, leur dit Riquet, qu'ils
rejoignirent à l'instant où il descendait de cheval, je le regrette
beaucoup, il a laissé un écrit pour moi; où est-il?

— Par ma foi, monsieur Riquet, je pense que cet archevêque ne sait pas ce qu'il dit; sauf le respect que je lui dois, s'il
était encore là, je le lui dirais à lui-même, fit Pierre en colère.

— Voyons ce billet qui te met si hors de toi, ami Pierre,
dit Riquet, donnez-le moi Pascal?

— Monseigneur de Narbonne écrit ses billets sur le sable
dit Pierre, une manière de pierre dans votre canal.

— Où est-ce? tu piques ma curiosité, Pierre, fit Riquet.

Pascal et Pierre le menèrent devant le bloc sur lequel se
trouvait l'inscription de l'archevêque.

— Tiens bon Riquet, lut-il à voix haute.

Voilà une sage parole et un bon conseil. Merci monseigneur, et il ajouta, riant de bon cœur : — Ah vous écrivez aux
gens en rébus, je m'en vais vous répondre de même, monseigneur.

Alors il prit lui aussi un couteau traça sur le bloc en regard
de l'inscription épiscopale un seul mot : *mon*; puis se tournant
vers Pascal de Nissan :

— Savez-vous dessiner une oie? vous, demanda-t-il.

— Je pense que je pourrai faire quelque chose qui y ressemble, répondit l'ingénieur, qui se mit à graver une oie après le mot *mon*.

Quand ce fut fini, Riquet ajouta à la suite de l'oie les mots *fait tout;* et traduisant tout haut son rébus pour la foule des ouvriers qui les entouraient :

— Monnoie fait tout, dit-il gaiement.

Voici ma réponse, monseigneur de Narbonne.

CHAPITRE DIX-HUITIÈME

Riquet, dans sa réponse à l'archevêque de Narbonne, disait un mot qui a souvent été répété depuis par un grand ingénieur perceur d'isthmes, M. de Lesseps, qui a posé en maxime que tout travail est possible à l'homme avec de l'argent.

Idée vieille, de notre temps, de deux siècles déjà, et qu'en cherchant bien on trouverait plus vieille encore dans les traditions du passé.

Riquet arrivait avec de l'argent à Malpas.

Il fit dire par tous les chefs d'ateliers aux six mille ouvriers réunis là qu'il doublait la paie, durant toute la percée de la montagne.

Les ouvriers séduits se remirent au travail.

Il eut de sérieux entretiens avec Pascal de Nissan, qui lui proposait de plafonner avec de forts madriers à mesure que l'on perçait la voûte, et de commencer la maçonnerie au fur et à mesure que l'on avançait.

L'idée parut bonne à Riquet qui l'adopta.

De sorte que les terrassiers, les charpentiers et les maçons, par escouades nombreuses, se succédaient ou plutôt travaillaient ensemble dans le même temps.

Riquet resta à Malpas, surveillant lui-même les travaux et animant les travailleurs de sa présence et de sa parole.

Malgré cela, on avançait lentement; quelques mètres à peine étaient percés au bout de trois jours.

Comme Riquet assistait à une pose de madriers, il vit accourir vers lui, de toute la vitesse de leurs chevaux, deux cavaliers poudreux et dont les montures à moitié fourbues attestaient la diligence que leurs maîtres avaient faite pour venir jusqu'à Malpas.

— Jean-Mathias, s'écria Riquet, apercevant son fils aîné qui descendait précipitamment de cheval, et dévisageant l'autre cavalier, — Pierre-Paul! fit-il au comble de la surprise en reconnaissant son second fils, le capitaine au régiment des gardes-françaises.

— Ah! mon cher fils, que je suis content de vous voir, lui dit Riquet, en le serrant dans ses bras; mais pourquoi tous deux ces mines attristées? Pourquoi ces habits poudreux? continua-t-il, remarquant alors seulement le désordre de leur toilette. Qu'y a-t-il? Votre mère? Vos sœurs?

— Elles sont bien, mon père, se hâta de répondre Mathias.

— Pardonnez-nous, monsieur, dit Pierre-Paul, de nous présenter devant vous dans un tel désordre; mais j'arrive de Paris, où j'ai appris de graves nouvelles, sans presque m'arrêter en route, tant j'avais hâte de précéder le courrier du ministre

qui portait une lettre au nouveau gouverneur du Languedoc,
M. Henri d'Aguesseau.

— De quelles nouvelles parlez-vous, mon fils? fit Riquet
surpris.

Il conduisit ses fils dans la petite naison où il vivait à Malpas,
et une fois seul avec eux :

— Parlez, dit-il au plus jeune, je vous écoute, mon enfant.

— Je vous ai dit, mon père, que je tenais à précéder le
courrier de M. de Colbert; je savais par des amis à moi, employés chez le ministre, que le gouverneur allait recevoir
l'ordre de tout arrêter ici.

— Comment mon fils? s'écria Riquet, arrêter quoi?

— Vous allez voir, mon père, fit Jean-Mathias.

Le capitaine reprit sur un signe de son père :

— Aussitôt mon arrivée à Toulouse, j'allai faire visite au
nouveau gouverneur. Il venait de recevoir les dépêches qui
vous concernent, je le savais; après quelques paroles, appre-
nant que je venais vous voir, et comme je lui demandais s'il ne
pouvait me donner ses commissions pour vous, il réfléchit,
et me dit qu'il ne voyait aucun inconvénient à ce que je me
chargeasse de vous transmettre les ordres qu'il avait pour vous.

Il me montra alors la lettre du ministre, qui en conte-
nait une autre, à lui envoyée de Toulouse, dénonçant votre
travail comme une folie insigne, parce que vous avez, en ce
moment, la tête dans une montagne de sable et à vos côtés
des étangs à vingt-cinq pieds au-dessous de votre niveau.

En conséquence, le ministre ordonne à M. d'Aguesseau de

faire suspendre tous les travaux du canal, de se rendre sur les lieux, à la tête d'une commission qui seule aura le droit de décider si on peut continuer l'œuvre.

M. d'Aguesseau m'a remis pour vous l'ordre de suspension jusqu'à son arrivée, avec les commissaires choisis par lui.

Voici cet ordre, mon père.

— Donnez, Paul, fit Riquet.

Il lut attentivement, plia la missive, et impassible, tranquillement il demanda :

— Quand doit arriver M. d'Aguesseau ? le savez-vous, mes enfants ?

— Il devait partir deux jours après moi, répondit Pierre-Paul ; mais comme il ne viendra pas avec la diligence que nous avons mise Mathias et moi, il ne sera guère ici avant six à sept jours.

Riquet réfléchissait profondément, l'arc de ses sourcils tendu, un éclair de résolution ardente et de volonté illuminait seul l'œil, pendant que le visage demeurait calme.

Ses fils le contemplaient, anxieux de ce qu'il allait décider.

Cette nouvelle était terrible pour tous.

Si la commission déclarait que la percée était impossible, que la continuation du canal était dangereuse dans ces conditions, on pouvait vouloir obliger Riquet à changer son itinéraire, et qui sait, peut-être pis encore. La commission pouvait décider que Riquet ne remplissait pas les engagements de ses devis et tenter de le déposséder pour donner l'entreprise de son œuvre à une créature des commissaires.

C'était alors la ruine complète, sans la compensation de la gloire, pour une œuvre grande et utile.

Riquet s'était levé, son parti semblait pris.

— Non, mon œuvre ne peut être à la merci d'un homme, dit-il, avec calme ; s'il la juge mauvaise, je devrai la discontinuer, non c'est impossible !

Le moment est décisif, je joue plus que ma fortune, plus que ma vie, je joue ma gloire ; mais je gagnerai la partie, dit-il avec une résolution inébranlable.

Il allait sortir.

— Qu'allez-vous faire, monsieur ? demanda respectueusement Pierre-Paul.

— Livrer bataille, capitaine, répondit son père souriant, vous comprenez cela, vous.

— Permettez que nous vous accompagnions, mon père, demanda Jean-Mathias.

— Venez mes fils, dit Riquet ; et appuyé sur ses deux enfants il gagna la montagne.

Il ordonna que l'on appelât en ce lieu tous les chefs d'ateliers, les ouvriers les plus intelligents et les plus habiles dans chaque corporation.

Quand ils furent tous réunis.

— Mes amis, leur dit-il avec énergie, savez-vous ce que l'on dit à Paris et à Touleuse ?

On dit que vous et moi, nous sommes des niais ; moi de vous avoir conduit en face d'une montagne de sable, et vous de n'avoir pas su la traverser.

Savez-vous ce qu'on veut?

On veut que nous arrêtions notre travail.

Que cette œuvre, à laquelle vous coopérez depuis dix ans bientôt, ne soit pas achevée.

Que la gloire, que le profit, que le bien-être du pays entier, qu'elle doit nous apporter à tous, soient de vains mots sans résultat.

Le voulez-vous donc aussi?

— Non, non, crièrent toutes les voix.

— M. le gouverneur doit venir ici suspendre les travaux : prouvons-lui que les méchants et les envieux se trompent en disant que nous avons entrepris l'impossible. Mes amis, nous avons six jours pour percer Mal-pas!

Un des chefs d'atelier se détacha du groupe des travailleurs.

— Monsieur Riquet, ça sera fait, n'est-ce pas vous autres? fit-il, s'adressant à ses compagnons.

— Oui, oui, au travail! crièrent-ils tous. Vive notre canal!

Une expression de triomphe passa sur le visage de Riquet.

— Vive notre canal! répondit-il en agitant son chapeau.

Durant six jours, il régna une activité fiévreuse dans la montagne. Jour et nuit on travaillait. Pierre était partout à la fois : mais sa présence n'était point nécessaire pour encourager les ouvriers; c'était avec entrain, avec gaieté, avec ardeur que les escouades se succédaient dans la percée; et c'était accompagnées par les chansons, que les charpentes se posaient et que les maçons cimentaient la voûte.

On ouvrait un passage de trois toises, quitte à l'élargir plus tard, lorsque le gouverneur se serait convaincu par ses yeux que rien n'est impossible à la volonté unie à la persévérance.

Les charpentiers établissaient d'abord un plafond soutenu par de grosses poutres, reliées entre elles par de forts étriers de distance en distance; puis les maçons construisaient une voûte en-dessous et encastraient les poutres de support dans leur maçonnerie.

Riquet, ses fils, passaient leurs journées au milieu des travailleurs, accueillis toujours par les cris de : Vive le canal! à bas Malpas!

Dans la journée du sixième jour, des hommes que Riquet avait postés sur la route que devaient parcourir, pour arriver à Malpas, le gouverneur et ses commissaires, se replièrent en annonçant que l'on apercevait au loin une cavalcade nombreuse.

Une heure après à peine, Henri d'Aguesseau, gouverneur du Languedoc, et la commission choisie par lui arrivaient à Malpas.

Riquet et ses fils allèrent les recevoir et leur souhaiter la bienvenue.

— Je vois, monsieur, dit le gouverneur en reconnaissant le capitaine de Bonrepos à côté de son père, je vois que vous êtes informé du triste sujet qui nous amène ici.

Je regrette, monsieur, d'être chargé d'une aussi pénible mission.

— Veuillez vous reposer un instant chez moi, messieurs, dit Riquet, sans répondre directement au compliment de condoléances du gouverneur. Je vous conduirai ensuite moi-même visiter l'ensemble des travaux.

Vous jugerez mieux, à loisir et reposés.

Il leur fit servir une collation magnifique.

— Ne parlons pas de ce mauvais pas, messieurs, dit-il, à quelques membres de la commission qui lui demandaient des explications : voyez d'abord; vous ferez vous-mêmes votre opinion :

Lorsqu'ils se levèrent de table, charmés de sa courtoisie, eux qui venaient peut-être ruiner toutes ses espérances, Riquet se déclara prêt à les accompagner jusqu'à Mal-pas.

Il les mena d'abord au canal, qu'il leur fit suivre jusqu'à une voûte sous laquelle il entrait, et où son lit creusé, achevé, se continuait.

Partout, autour du canal, auprès de cette voûte, les ouvriers groupés, silencieux, se levaient à l'approche du cortège et saluaient le gouverneur.

— Des torches, commanda Riquet, lorsqu'ils furent tous devant la bouche de la voûte.

Une escouade d'hommes porteurs de torches s'avança.

Ils s'échelonnèrent en avant et sur les côtés, et l'on pénétra dans le souterrain.

Riquet, à la place d'honneur, en avant, auprès de M. d'Aguesseau.

On marcha ainsi durant une longueur de quatre-vingts toises.

La voûte, en forme de berceau, était en maçonnerie, et les larges pierres unies et polies qui la composaient ressemblaient à un de ces travaux si nombreux que nous ont laissés les Romains, dans la Gaule narbonnaise.

Riquet ne parlait pas.

M. d'Aguessseau parut touché de ce mutisme qui pouvait venir d'un chagrin profond.

— Combien je prends part, monsieur, lui dit-il, à ce malheur imprévu qui arrête votre œuvre; mais ne désespérez pas encore, peut-être ces messieurs vous laisseront-ils le droit de changer votre parcours.

Riquet s'inclina, toujours silencieux.

— Nous allons à Mal-pas, n'est-ce pas, monsieur? demanda M. d'Aguesseau, un peu piqué de ce silence. Il ajouta avec impatience :

— Quel est donc ce souterrain? Je ne savais pas que nous dussions en traverser un.

En ce moment le jour apparut soudain.

On arrivait en plein air.

Par la large baie de la voûte apparaissait un panorama splendide.

A perte de vue, s'étendait un pays immense qui descendait, en cascades verdoyantes, de la hauteur jusqu'au fond de la vallée, coupée comme d'une ceinture d'argent par la petite rivière d'Orb.

— Mais, monsieur, où nous conduisez-vous? demanda M. d'Aguesseau surpris, où est Mal-pas?

— Vous venez de le traverser, monsieur, répondit Riquet, saluant en souriant son interlocuteur.

Une immense acclamation des ouvriers, à l'autre bout de la percée, apprit à M. d'Aguesseau qu'il ne rêvait pas.

La bataille était gagnée.

Riquet, vainqueur, n'eut plus qu'à recevoir les félicitations du gouverneur et des commissaires, qui n'en pouvaient croire leurs yeux et qui n'eurent qu'à rédiger un mémoire pour déclarer que la percée de Mal-pas s'était accomplie en six jours, et que Riquet pouvait continuer désormais le canal du Languedoc.

CHAPITRE DIX-NEUVIÈME

Après le triomphe de la percée de Malpas, Riquet reprit son œuvre sans entraves ; mais si le gouverneur et les commissaires rendirent entière justice à l'immense effort accompli, ces éloges n'amenèrent pas dans les coffres du créateur, l'argent nécessaire à l'achèvement de son œuvre.

Riquet dut encore emprunter pour désintéresser le trésor, ce qui fit monter à près de deux millions sa dette personnelle, grévant la propriété du canal.

D'un autre côté, les difficultés du terrain ne se surmontaient qu'au prix des plus grands efforts et des plus énormes dépenses.

Une fois hors de Mal-pas, le canal trouvait, sur le versant opposé, une vallée profonde qu'il dominait de vingt-cinq mètres de haut.

Il fallait atteindre l'Orb, et Béziers.

Riquet fit construire, pour amener le lit du canal au niveau de la rivière, huit sas accolés, qui de loin ressemblent à un gigantesque escalier, l'escalier de Neptune.

Ces huit sas présentent une gigantesque masse de constructions de cent cinquante-six toises (ou 312 mètres) de longueur, sur une hauteur de vingt-cinq mètres.

Et c'est un spectacle magique que celui des huit vannes ouvertes à la fois; les eaux alors se précipitent en cascade, du haut de la montagne, battant les digues de leurs vagues écumantes, couvrant d'une poussière diamantée toute la vallée depuis Fonserannes jusqu'au port de Béziers.

Ces écluses de Fonserannes en bonne voie, le port de Béziers commencé, les plus grandes difficultés se trouvaient vaincues.

Le reste devait marcher sans peine; malgré ces certitudes de succès, Riquet restait anxieux, une sourde inquiétude semblait avoir pris possession de son esprit, l'obsédait, et ne le quittait plus.

Il pressait les ouvriers, aurait voulu tout voir achever comme par le coup de baguette d'une fée; et alors Pierre lui représentait qu'il demandait trop à la fois, que tout se fait à son temps, sans qu'il soit besoin de le devancer.

— Eh! ami Pierre, répondait Riquet, tu oublies que j'ai soixante quinze ans, et qu'il faut me presser, si je veux voir mon canal fonctionner.

— Bah! monsieur, nous vivrons cent ans, répondit le brave garçon, s'identifiant tellement à son patron qu'il ne comprenait même plus l'existence sans lui.

Riquet haussa les épaules à cette affirmation faite avec conviction.

LES ÉCLUSES DE FONSERANNES

— Si je pouvais aller deux ans encore! dit-il; et sur un geste de Pierre, il reprit :

— Oh! tu ne reçois pas de lettres de M. de Colbert, toi!

La dureté du ministre avait froissé profondément Riquet, sans qu'il voulût se l'avouer à lui même; il n'en parlait jamais, pas même à sa famille; mais ces méfiances injurieuses lui retombaient sur le cœur, et comme la goutte d'eau, qui, chaque jour frappant au même point, finit par creuser le rocher, cette injustice minait lentement l'esprit et le corps de l'homme qui avait sacrifié sans hésiter sa fortune, celle de ses enfants, à ce qu'il croyait le bonheur de son pays et de ses concitoyens.

Il réfléchissait souvent qu'il pouvait disparaître soudainement : et il se demandait avec amertume s'il avait fait ce qu'il devait envers les chères affections qui l'entouraient.

— J'ai tout donné, tout jeté à mon œuvre, pensait-il, ai-je bien agi? Devais-je négliger les miens, pour des hommes qui seront ingrats, pour un pays qui, peut-être, oubliera mon nom?

Une voix intérieure semblait lui répondre : — Oui, disait elle, oui, tu as bien agi! c'est grand, c'est noble d'avoir mis le bien de la patrie avant celui de la famille.

Non le pays n'oubliera pas! D'ailleurs, perds-tu la foi en ton œuvre? Doutes-tu maintenant qu'elle ne te rende ce que tu lui as donné? Et que t'importe l'ingratitude! Ne sais-tu pas que les hommes sont ainsi faits, qu'il les faut combattre pour faire le bien malgré eux, et que, si les contemporains ne savent pas comprendre un bienfait et en être reconnaissants, la postérité est là, qui marche après eux, et qui, toujours, rend justice au mérite et le glorifie.

Consolé, réconforté par cette voix, celle de sa conscience, Riquet relevait la tête, et se remettait courageusement à son œuvre.

Il est bien malheureux, celui qui ne comprend plus le langage de cette compagne fidèle de l'homme, celui qui ne sait plus suivre ses inspirations, ou se consoler avec elle d'une injustice subie.

Un jour sa femme et ses filles le surprirent au milieu d'une de ces méditations qui ressemblaient à un sommeil, tant elles étaient profondes : elles s'assirent auprès de lui, se mirent à leur métier à broder, sans qu'il parût les apercevoir.

— Qu'a donc notre père, se demandaient les jeunes filles ? ne trouvez-vous pas, maman, qu'il est bien préoccupé depuis quelque temps ?

— Toujours son canal, dit Mme Riquet. Oh! quand il sera terminé, celui là, quel bonheur ! J'aurais à parler à votre père, à propos de Mathias, mais je n'ose le déranger de sa rêverie. Il le faut cependant, continua-t-elle.

Mme Riquet toussa doucement d'abord, accentua sa tousserie sans que son mari parût même se douter qu'il y eût quelqu'un à ses côtés.

— Dirait-on pas qu'il dort? fit elle en riant.

— En tous cas, ce serait les yeux ouverts, madame,

dit une jeune femme qui entrait dans l'appartement.

Elle s'avança vers Riquet, lui fit une profonde révérence et lui dit :

— Oui, monsieur mon père, vous dormez les yeux ouverts, cela est certain, ne prétendez pas le contraire, allez, vous dormez le mieux du monde, je le sais bien.

Et d'une glissade, elle s'en fut avec un froufrou de jupe, à l'autre bout du salon, chercher sa corbeille à parfiler.

— Que savez-vous si bien, Louise ? demanda Riquet, tiré subitement de son rêve par le bruit de la soie sur le parquet, et dont l'oreille avait perçu les dernières paroles de la jeune femme.

Celle-ci s'arrêta toute confuse, tandis que les jeunes filles riaient.

Ah ! monsieur, pardon, dit elle, je ne sais rien du tout, mais j'aurais gagé que vous dormiez les yeux ouverts.

— Persifleuse, lui dit Riquet en se levant et galamment lui présentant un siège, vous aviez grand tort de railler votre beau-père, Louise ; justement il rêvait à vos enfants, ma petite bru.

— Et que disait votre rêverie, monsieur ? interrogea sa femme.

— Elle disait que Mathias me semble contrarié, en savez-vous la cause, Louise ? demanda Riquet.

La femme du fils aîné tourna les yeux vers sa belle-mère, pour lui demander son assentiment, et, sur un signe de Mme Riquet, elle répondit :

15

— C'est, monsieur, que Mathias voulait acheter une charge de maistre des requêtes, qui est à vendre en ce moment, et qu'il n'a pu le faire, le prix en étant trop élevé. Cela l'a contrarié vivement, voilà tout.

Il y renoncera, puisque nous ne pouvons faire autrement, acheva la jeune femme avec un soupir.

— Cela vous déplaît aussi, je le vois, Louise, dit Riquet. Attendez, ma chère enfant; mon canal achevé, je dois une compensation à Jean-Mathias pour sa charge au parlement vendue à cause de moi, et pour l'aide qu'il me prête depuis sept ans.

Je vous promets de vous acheter cette charge qui vous tient tant au cœur.

— Pourquoi ne l'achetez-vous pas de suite, monsieur? dit Mme Riquet vivement. Qu'attendez-vous encore? Ne disiez-vous pas dernièrement que, dans un an, votre canal serait terminé?

Avancez de quelque temps le bien que vous voulez faire à cette époque à votre fils aîné, et achetez cette charge; l'occasion ne se représentera plus peut-être, l'an prochain.

— Mais je ne sais si je dois distraire une somme aussi forte de mes travaux, somme qui...

— Qui est à vous, monsieur, s'écria sa femme. Ne m'avez-vous pas dit aussi que vous aviez dépassé vos devis de deux millions; c'est-à-dire que vous avez jeté dans le canal deux millions de plus de votre fortune. Deux millions dont l'État ne vous tiendra aucun compte.

N'avez-vous pas le droit de disposer d'une parcelle de ce qui vous reste personellement pour l'agrandissement de votre famille?

Mais, monsieur, c'est pousser trop loin le scrupule ; il n'a pas sa raison d'être.

— Je sais bien que je suis le maître, dit Riquet, de disposer de ma fortune, mais vous verrez que cet achat sera jugé défavorablement.

— Qui osera blâmer un père, qui pense au bien de ses enfants! D'ailleurs, depuis sept ans, votre fils n'est-il pas employé par vous, n'a-t-il pas sacrifié sa position pour s'attacher à votre œuvre? Ne lui devez-vous pas une compensation?

Eh bien ! vous vous acquittez en une seule fois.

— Si cela vous convient, monsieur, dit Louise de Bonrepos, espérant vaincre les derniers scrupules de son beau-père, ma dot viendra s'ajouter à la somme dont vous voudrez bien disposer en notre faveur.

— Vous tenez donc beaucoup, Louise, à ce que Mathias soit maistre des requêtes? Allons, je cède, j'achète cette charge ; mais je veux seul en fournir le prix, gardez votre bien, ma chère belle-fille.

— Que vous êtes bon, monsieur! s'écria la jeune femme qui vint toute joyeuse se jeter dans les bras de son beau-père.

— Alors nous pourrons y joindre l'achat de cette terre aux environs de Toulouse, qui apanagera mon mari du titre de baron des États, ajouta-t-elle, n'est-ce pas, monsieur, vous le permettrez aussi?

— Faites ce qui vous plaira, répondit Riquet doucement; mais, ma fille, votre nom n'avait pas besoin de ce titre.

Mme de Riquet, ses filles entourèrent le chef de famille, le comblant de caresses, Riquet les leur rendit tendrement; mais il resta préoccupé.

— Je ne sais pourquoi, j'imagine, murmura-t-il, non pas que j'ai tort de faire cet achat, mais que ceci me sera une cause de tracas et de calomnies.

Quand son fils empressé et joyeux vint le remercier de sa libéralité, Riquet s'abstint de toute remarque; à quoi bon gâter sa joie; mais cette pensée amère, qui le poursuivait, lui revint plus fortement : — Ceci sera le prétexte d'une calomnie. Et malgré lui, il regretta un peu d'avoir cédé au vif désir de sa famille.

Les pressentiments de Riquet ne le trompaient pas. Cette charge de maistre des requêtes valut à Mathias Riquet de Bonrepos, bon nombre de jaloux et d'envieux.

Le titre de baron qu'il ajouta à son nom mit le comble à leur envie et à leur rage.

On prévint Colbert.

On l'indisposa davantage contre Riquet, et ces deux achats malencontreux et prématurés servirent de beau prétexte aux calomniateurs.

On représentait au ministre que le créateur du canal, loin de se ruiner dans son entreprise, ainsi qu'il le prétendait, y avait gagné des sommes fabuleuses qu'il avait soustraites à l'État, qu'il menait, soit à Toulouse, soit à Bonrepos, un train de prince du sang, et que, pour mettre le comble à ses prodigalités, il venait d'acheter une charge pour son fils, et de le faire baron des États par l'acquisition d'une terre qui en conférait le titre.

On suppliait le ministre de mettre un frein à de tels scandales.

Colbert écrivit le 6 septembre 1679 à M. d'Aguesseau, à ce propos, une lettre d'une dureté inouïe.

Il disait :

« L'air que *cet homme* a pris de faire son fils maistre des requêtes, d'acheter une terre pour être baron des États, et autres dépenses de cette nature qui sont peut-être plus fondées sur sa vanité naturelle, que sur des richesses réelles et solides, toutes ces choses n'ont pas répandu dans le public l'opinion qu'il n'ait pas gagné dans ses travaux, et ce sera assurément ces productions de sa vanité qui agiront plus contre lui, dans cette affaire, que toute autre chose. »

M. d'Aguesseau prévint loyalement Riquet des calomnies dont il était l'objet.

Il le défendait timidement auprès du terrible ministre.

« Parce que l'illustre vieillard a peut-être employé quelques sommes trop fortes à l'établissement d'un de ses fils, ou ne saurait méconnaître, disait le gouverneur du Languedoc, son dévouement et son ardeur à l'achèvement du canal et du port de Cette. »

Mais non, tout était oublié, services immenses rendus au pays, dévouement à une œuvre noble et utile !

Les méchants et les petits esprits semblaient triompher.

Et s'il fallait à Riquet du courage et une volonté forte pour vaincre les obstacles que la nature lui opposait, il lui en fallait une plus forte encore pour combattre les hommes, à qui, presque toujours, on ne fait du bien que malgré eux.

CHAPITRE VINGTIÈME

Riquet accourut de Cette, lorsqu'il apprit les nouvelles duretés de M. de Colbert. Il se rendit chez M. d'Aguesseau qui, le voyant ému, indigné, chercha à le réconforter.

— J'ai répondu pour vous comme il fallait, lui dit-il soyez sans inquiétude, monsieur. Votre honneur est sauf, tous les gens de bonne foi sont persuadés que, loin d'avoir gagné sur l'État, vous avez perdu.

— J'ai aujourd'hui deux millions de dettes, voilà la vérité, monsieur, s'écria Riquet. Ah ! on peut dire que j'ai construit un canal pour m'y noyer !

Mais se remettant de suite et surmontant cet instant de découragement, il ajouta :

— Je ne dois pas me laisser aller à la tristesse, je triompherai de ces dernières méchancetés, comme j'ai toujours vaincu par ma loyauté et ma volonté.

Je vous remercie, monsieur, de l'appui bienveillant que vous voulez bien me prêter, j'en suis digne, je vous l'assure, fit Riquet avec noblesse.

M. d'Aguesseau l'assura de son concours et de son amitié.

— Je viens d'emprunter deux cent mille livres sur ma propriété, et avec les trois cent mille livres que les États m'ont promis pour cette année, je suis en mesure d'achever mon canal pour l'an prochain. Je venais vous en avertir, reprit Riquet.

— Ne comptez plus sur ces trois cents mille livres, monsieur, dit le gouverneur, les États refusent d'emprunter à nouveau pour vous.

— Eh quoi ! une nouvelle entrave ! les États refusent de tenir la parole donnée. Ah ! je vous en prie, veuillez parler en ma faveur, s'écria Riquet alarmé, je suis perdu si je n'ai cette somme. J'y ai compté absolument : je ne saurais m'en passer.

— Je parlerai aux États, je vous le promets, mais il y a encore cette dette... et M. d'Aguesseau s'arrêta embarrassé, n'osant continuer.

— Qu'y a-t-il encore ? apprenez-moi tout !

Il faut que je sache à quoi m'en tenir. Vous n'avez pas reçu l'ordre de suspendre encore les travaux. Ce serait trop cruel, échouer au port au moment où j'arrive, où j'aperçois le but, s'écria Riquet anxieux.

— Non, rassurez-vous, monsieur, ce n'est point un ordre du ministre. Le trésorier général veut vous retirer les fonds qu'il vous a prêtés.

— Cette prétention est indigne, répondit Riquet ; j'avais

sa parole qu'il attendrait l'achèvement du canal; je vais de ce pas la lui rappeler, il ne pourra la nier.

Vous, monsieur, daignez intercéder pour mon œuvre auprès des États; représentez-leur que c'est la prospérité du pays tout entier qu'ils entravent par ce refus.

Je compte sur votre éloquence, votre bonté et votre puissance, acheva Riquet en prenant congé du gouverneur.

Riquet courut chez le trésorier général qu'il trouva inflexible dans sa résolution d'exiger le remboursement immédiat des sommes dues. Alors, ne sachant à qui s'adresser, Riquet écrivit à M. de Colbert, lui promettant l'ouverture du canal pour l'année suivante :

« Je fais ce qui m'est possible, disait Riquet, afin de trouver des gens qui veuillent bien me prêter de l'argent pour me donner le moyen de finir le canal dans ce qui reste de l'année courante.

» Mais je suis tellement endetté, que, jusqu'ici, personne n'a voulu le faire; de sorte que je suis dans la nécessité d'avoir recours à vous, et de vous faire connaître mes besoins; vous le verrez dans le mémoire ci-inclus.

» J'ose me promettre que vous voudrez marquer votre volonté à côté de chaque article, afin de me mettre en état de finir heureusement mon entreprise du canal. C'est toute ma passion, et je me désespérerais si je ne pouvais pas le faire.

» Le temps échappe, et quand il est une fois perdu, il ne se retrouve jamais. »

Colbert, avec son grand sens, comprit les raisons que lui

donnait Riquet, et il ordonna au trésorier général de laisser les sommes prêtées. Colbert recommandait à tous de publier la nouvelle de l'achèvement du canal dans un an, d'inviter les marchands à en donner avis dans les pays étrangers.

Il recommandait spécialement à Riquet d'envoyer de temps en temps des articles sur le canal à l'abbé Renaudot[1] pour mettre dans sa gazette.

Monsieur d'Aguesseau tint religieusement la promesse qu'il avait faite d'intercéder auprès des États du Languedoc. Il parla chaleureusement et obtint les trois cent mille livres indispensables à Riquet.

Il lui apprit ce résultat dans une lettre charmante; et Riquet eut, en la lisant, un sourire joyeux.

— Allons, dit-il, les honnêtes gens s'entendent toujours entre eux !

Il revint alors à ses travaux, l'esprit rasséréné sur la question pécuniaire, mais le corps malade.

Cette dernière lutte l'avait brisé. Il éprouvait des douleurs au cœur, qui le faisaient souffrir cruellement. Parfois il sentait le sang envahir violemment les artères, il étouffait, il restait sans haleine, les yeux voilés, attendant que les spasmes se dissipassent; et ce n'était qu'avec un effort de volonté qu'il surmontait le mal et s'occupait encore activement du canal dont il organisait alors le fonctionnement.

---

1. Fondateur du premier journal paru en France.

Le roi avait fixé pour tout le parcours le droit de péage

FRAGMENT DU BAS-RELIEF DU PONT DU CANAL DU MIDI, A TOULOUSE.

à six deniers par quintal et par lieue.

Riquet en régla toutes les parties, affectant telle somme par an au dégrèvement des dettes, telle autre à l'entretien du canal et à son nettoyage.

Il prit toutes les mesures nécessaires avec une sûreté de calcul si grande, que le canal fonctionna, d'après ses arrangements, jusqu'en 1792, sans que personne de ses descendants eût rien à y changer.

Il ne se trompa que sur un point ; ce fut sur les recettes qui dépassèrent de beaucoup ses prévisions.

Riquet reçut, dans le courant de l'hiver 1680, deux demandes qui lui firent grand plaisir.

Deux gentilshommes Languedociens, Gramont, baron de Lanta, et M. de Lombrail, trésorier de France, sollicitèrent la main de ses deux filles.

M. de Lanta était en relation d'amitié, depuis quelques années, avec la famille Riquet, et Henriette-Charlotte avait été distinguée par lui.

Quant à M. de Lombrail, il considérait comme un honneur d'entrer dans la famille du créateur du canal du Languedoc.

Riquet leur manda de lui faire le plaisir de venir à Bonrepos, là, il leur dit simplement :

— Vous savez, messieurs, que mes filles n'ont pas de dot : au moins quant à présent. Il vous faudra attendre que mes dettes soient payées, et que le canal rapporte pour que je puisse les doter.

— Je le savais, monsieur, répondit monsieur de Lanta, je

sollicite l'honneur de votre parenté, et la main de mademoiselle Henriette Riquet de Bonrepos sans dot.

— Nous attendrons votre bon plaisir, monsieur, dit M. de Lombrail; mademoiselle Marie de Bonrepos m'a prévenu en me permettant la démarche que je tente aujourd'hui.

Riquet leur tendit les mains.

— Alors je n'ai plus qu'à donner mon consentement, dit-il souriant; ces demoiselles me paraissent avoir arrangé fort bien leurs affaires.

Il fit prévenir sa femme et ses filles, et présenta à ces dernières leurs fiancés.

— Eh bien? mon papa, dit Marie, tout bas, à son père, en prenant son bras pour aller souper, tandis que son jeune fiancé offrait le sien à sa mère; eh bien? vous voyez que mesdemoiselles Riquet se marieront quoique sans dot! Vous faisiez injure à la noblesse française, en doutant.

Son père lui pinça gaiement l'oreille.

— Et j'injuriais, sans le savoir, monsieur le baron de Lombrail, n'est-ce pas? lui répondit-il en riant.·

Riquet, durant l'été qui suivit le mariage de ses filles, se fatigua outre mesure, ne consentant jamais à laisser son fils Mathias seul chargé de toute la surveillance.

Ses douleurs et ses spasmes augmentèrent.

Pierre le surprit un jour presque évanoui, renversé dans un fauteuil, pressant sa poitrine à deux mains.

— Ah! lui dit-il, haletant, suffoqué à demi. Ah! Pierre j'ai cru que j'allais mourir.

Pierre effrayé parla de courir chercher un médecin.

Riquet secoua la tête.

— Non, dit-il, cela passera, cela passe déjà, vois! ne parle à personne de l'état où tu m'as trouvé. Je me sens mieux, n'inquiète pas les miens. Oh! j'irai bien encore jusqu'à l'achèvement de mon œuvre, fit Riquet avec énergie.

Malgré la défense de son maître, Pierre fit part de ses craintes à Mathias de Bonrepos qui s'alarma et manda des médecins de Toulouse.

Lorsque ceux-ci sortirent de leur consultation, ils avaient la mine sombre, l'air soucieux, et ils ne cachèrent pas à Mme Riquet et à son fils la gravité de la maladie de Riquet.

— Il faudrait immédiatement cesser tout travail, éviter la moindre émotion, la plus petite préoccupation, dirent-ils; à ce prix, peut-être monsieur Riquet pourra-t-il recouvrer la santé.

— Éviter tout travail, est-ce possible? s'écria madame Riquet. Mon mari n'y consentira jamais.

— Nous suivrons vos instructions le mieux possible, dit Mathias, et les médecins partirent, secouant leurs perruques, promettant de revenir souvent, sans promettre en même temps une guérison prochaine.

Lorsque Mathias rentra dans la chambre de son père, il ne put lui cacher ses appréhensions, ses traits trahissaient malgré lui ses craintes et son chagrin.

Riquet s'aperçut de suite de cette altération, et les yeux rougis de sa femme le convainquirent qu'il ne se trompait pas.

— Ces médecins me trouvent donc bien malade? leur demanda-t-il. Pourquoi les avoir mandés? Vous voyez, vous voilà alarmés sans raison. Ne vous inquiétez pas, ma mie, dit-il à sa femme; je suis vieux, c'est vrai, usé par les chagrins que je viens de supporter; mais, avec l'aide de Dieu et vos bons soins, je durerai encore un peu; il faut que j'aille jusqu'à l'achèvement de mon œuvre : oh! cela, il le faut! Après, ma vieille compagne de route, vous laisserez votre mari s'en aller se reposer enfin de tout ce travail, acheva Riquet souriant, en serrant la main de sa femme qui refoulait à grand peine son émotion.

— Où en sommes-nous, Mathias? demanda Riquet, et malgré sa femme, malgré son fils, il se remit à travailler, prétendant que le travail seul l'empêchait de souffrir.

A quelques jours de là, il fut repris de spasmes plus violents que d'habitude, d'où il sortit abattu et sans forces. Il dut s'aliter.

Sur son lit, il s'occupait encore de son canal, mis au courant, jour par jour, de l'état des travaux.

Enfin, quand il sentit le mal le plus fort, il éloigna de ses yeux ses chers plans, et les tendant à son fils Mathias qui ne le quittait pas :

— Mon fils, lui dit-il, je vous en supplie, achevez mon œuvre consciencieusement, c'est la fortune pour les vôtres, c'est la gloire pour notre nom.

Nous y laissons notre bien, qu'importe ! tout sera réparé une fois le canal achevé ; n'oub iez pas, Mathias, la recommandation de votre père mourant.

— Mon père, répondit Mathias, comptez sur moi : le canal de Riquet sera terminé dans les délais promis, je vous le jure.

Riquet espérait encore qu'il vaincrait la maladie, lorsqu'il comprit que c'en était fait, et qu'elle était plus forte que son énergie. Il eut alors un mo.nent de révolte atroce contre la destinée.

Un instant, son courage l'abandonna.

La nuit, son fils et le fidèle Pierre, qui le veillaient, l'entendirent se débattre.

— Quoi ! je vais mourir, disait-il, tout est fini ! je vais mourir ! Je n'aurai pas la suprême joie de voir acclamé par tous l'œuvre de ma vie entière. Oh ! c'est trop cruel !

Et un long sanglot vint à ses lèvres.

Mathias de Bonrepos et Pierre, émus, désolés, n'osèrent troubler sa douleur.

Il sembla se calmer peu à peu.

— Qu'importe que je ne sois plus là ; mes fils me remplaceront, murmura-t-il, et se tournant vers Mathias, il ajouta doucement.

— Il faudra prévenir votre frère et vos sœurs, mon fils, je veux les embrasser encore.

Il eut cette dernière et triste joie du père de famille, qui meurt aimé et respecté des siens, de voir, réunis autour de son lit, sa femme et ses enfants en pleurs.

Il leur montra d'un geste Pierre, accroupi à ses côtés, qui sanglotait tout bas.

— Mes enfants, dit-il, je vous le donne, laissez vous aimer par lui, comme il m'a aimé et servi.

Le cœur n'a point besoin de quartiers de noblesse.

Et posant sa main alourdie sur la tête de l'humble ami de sa vie de luttes :

— Pierre, lui dit-il, ne pleure donc pas, tu verras notre canal, toi !

Puis il parut s'assoupir ; tous, immobiles, respectaient ce sommeil qui semblait le dernier : il se souleva tout-à-coup.

— Mathias, demanda-t-il, où en est le canal ?

— Nous n'avons plus qu'une lieue juste, mon père, pour nous raccorder à l'étang de Thau.

— Une lieue ! murmura-t-il, une lieue !

Quelle déception voir là, tout près, la terre promise et n'y pouvoir entrer. Un sourire triste sur les lèvres, il ajouta :

— Une lieue ! et je meurs !

Et se renversant en arrière, Riquet rendit le dernier soupir.

Ainsi s'éteignit cet homme de bien, cette volonté puissante, cette énergie que rien n'abattait.

Il avait trois millions ; ne pouvait-il vivre heureux, tranquille, évitant les luttes, et jouissant en égoïste du luxe que levait lui procurer une fortune considérable pour l'époque ; non, il préféra le bien de tous au sien propre, il travailla, lutta, vainquit les obstacles de la nature et ceux, plus difficiles à surmonter, que lui opposaient les hommes.

     PIERRE-PAUL RIQUET.

Il mourait pauvre, laissant deux millions de dettes; mais qu'importe de mourir riche et comblé de biens; ce qui est beau, ce qui est grand, c'est d'avoir été utile à sa patrie, c'est de laisser à ses enfants et à son pays le souvenir d'une belle vie et d'une œuvre utile et noble.

CHAPITRE VINGT ET UNIÈME

Riquet mourut le 1ᵉʳ octobre 1680.

Après tant de lettres cordiales échangées avec lui, Colbert, lorsqu'il apprit ce malheur, écrivit à M. d'Aguesseau :

« La mort du sieur Riquet me donne un peu de crainte que nos travaux du canal ne soyent retardés. »

Et il s'informait si le fils continuait l'œuvre.

Deux mots secs, sans un regret, tout est dit.

Le grand ministre, quelques années plus tard, devait sentir à son tour ce que c'est que l'ingratitude.

Il en devait mourir.

Se souvint-il, en ce moment suprême où l'âme, presque dégagée de ses liens terrestres, anime encore le corps qu'elle va quitter, se souvint-il de sa lettre sèche à propos de la mort de Riquet ? Qui le sait ?

En tous cas, n'est-elle pas vraie, cette parole du philosophe qui a dit :

« On souffre toujours ce que l'on fait souffrir aux autres. »

D'Aguesseau, lui, au contraire, rendant pleine justice à Riquet, écrivait de lui :

« Il était de ces hommes en qui le génie tient la place de l'art. Élevé pour la finance, sans avoir jamais eu la moindre teinture de mathématiques, il n'avait pour tout instrument qu'un méchant compas de fer, et ce fut avec aussi peu d'instruction et de secours que, conduit seulement par un instinct naturel, il osa former le vaste projet d'unir l'Océan à la Méditerranée. »

Il oubliait deux choses, M. d'Aguesseau, dans son appréciation du créateur du canal du Languedoc, deux choses essentielles qui avaient été les grandes qualités de Riquet : ce sont la volonté et la persévérance.

Les plus beaux dons de l'esprit ne servent à rien, ou s'annihilent si on n'y joint pas la volonté qui exécute ce qu'a conçu l'esprit, et la persévérance qui aide à surmonter tous les obstacles.

Avec elles seules, on arrive à son but, quelqu'il soit dans la vie, et le secret, pour réussir, c'est de vouloir fortement et avec persévérance.

Un poète du temps, M. de Cassan, fit à Riquet une épitaphe qui se terminait ainsi. Comparant Riquet à Moïse il disait :

« L'un mourut près d'entrer dans la terre promise, l'autre est mort sur le point d'entrer dans son canal. »

Jean-Mathias de Bonrepos tint la parole qu'il avait donnée à son père mourant.

ÉRECTION DE LA STATUE DE RIQUET A BÉZIERS

Six mois après, le canal était achevé.

Son frère cadet, Pierre-Paul, l'aida dans ces derniers travaux.

Riquet laissait deux millions de dettes; ses enfants durent aliéner sept douzièmes de la propriété que le génie de leur père avait créée, mais le succès de l'entreprise fut si grand qu'en 1724, ils l'avaient rachetée complètement.

La dépense pour les travaux du canal, dont les trois quarts furent payés par le roi et les États du Languedoc, et l'autre quart par Riquet, montait à la somme de seize millions deux cent soixante dix-neuf mille cinq cent huit livres, ce qui équivaudrait, à notre époque, à trente-quatre millions.

Le 2 mai 1681, M. d'Aguesseau, M. de la Feuille, et le père Mourgues, commissaire du roi, partis de Béziers, visitèrent, à sec, le canal jusqu'à son embouchure dans la Garonne.

Ils le déclarèrent parfait, décidèrent que Riquet avait rempli tous ses engagements, et donnèrent l'ordre d'y faire entrer l'eau.

Le 19 mai suivant eut lieu l'inauguration. Monseigneur d'Anglure, archevêque de Toulouse, les évêques de la région prêtèrent leurs concours à la pompe de la cérémonie. Des barques, en grand nombre, chargées pour la foire de Beaucaire, attendaient l'ordre du départ.

Elles suivirent la galère où s'installèrent le gouverneur, M. de la Feuille et les deux fils du créateur du canal. Alors aux acclamations mille fois répétées de : gloire à Riquet, la flottille s'engagea dans le canal qu'elle descendit en six jours jusqu'à Cette.

Partout sur la route l'affluence fût prodigieuse.

On ne se lassait pas d'admirer le spectacle qu'offrait une flottille naviguant dans des lieux autrefois arides, où les habitants trouvaient avec peine de l'eau pour leurs besoins journaliers.

Le canal mit en rapport les terres incultes qui l'entouraient, décupla la valeur de celles déjà cultivées, porta vers les deux mers les richesses de l'intérieur, et amena à l'intérieur les richesses de l'étranger.

A peine le canal fut-il ouvert, que les marais, les bois et les autres terrains vacants, qui couvraient une partie du Languedoc, furent remplacés par les cultures les plus productives qui, en enrichissant cette province, amenèrent l'abondance dans les contrées voisines.

Dans l'ordre des constructions utiles, le canal de Riquet doit être considéré comme la merveille du siècle.

En 1684, la province du Languedoc voulut augmenter le nombre des épanchoirs : le roi envoya Vauban pour visiter le canal ; il y vint, en 1686. Étonné de la grandeur de ce magnifique ouvrage, il s'écria dans un moment d'enthousiasme « qu'il eût préféré la gloire d'en être l'auteur, à tout ce qu'il avait. »

Ces paroles, toutes honorables qu'elles sont pour Riquet, le sont moins que la décision de Vauban qui ne voulut indiquer pour le perfectionnement du canal, que la continuation d'ouvrages semblables à ceux que Riquet lui-même avait fait exécuter.

Selon les calculs de Dupont de Nemours[1], en 1797, le canal avait augmenté de vingt millions le revenu des propriétés territoriales de cette partie de la France, et produit au trésor public en taxes et impôts divers, en un siècle, au moins cinq cents millions.

Toute cette prospérité, la France la devait à un seul homme.

A un homme dont un de ses descendants, M. le comte de Caraman a dit excellement :

« Étranger aux sciences qui forment un ingénieur habile, Riquet n'avait pour lui que l'enthousiasme né d'une grande idée, le sens droit qui en découvre toute la partie, une âme forte qu'aucun obstacle ne pouvait décourager et un dévouement sans bornes aux intérêts de son pays. »

Belles paroles qui résument admirablement le caractère du créateur du canal du Languedoc. Oui, il fut dévoué à son pays, oui, il sacrifia sans réserve sa fortune à la prospérité de ses concitoyens ; et nous devons honorer, comme un des grands hommes de notre patrie, Pierre-Paul Riquet.

---

1. Écrivain économiste, ami de Turgot, député en 1789 aux états généraux, membre de l'Institut.

TABLE DES GRAVURES

	Pages.
Portrait de Riquet	4
Vue de Béziers	17
Monument de Naurouze	33
Portrait de Colbert	57
Fragment d'une lettre de Riquet à Colbert	70
Plan du bassin de Naurouze	74
Médailles frappées à l'occasion du percement du canal	89
Pont du canal du midi à Toulouse	93
Cérémonie de l'ouverture de la première écluse	101
Autographe de Riquet	112
Carte du canal	127
Grand mur du réservoir du Lampy	163
Digue du réservoir de Saint-Ferréol	181
Pont du canal de Fresquel	195
Souterrain de Malpas	201
Les écluses de Fonserannes	221
Fragment du bas-relief du pont du canal du midi à Toulouse	235
Érection de la statue de Riquet à Béziers	245

BOURLOTON. — Imprimeries réunies, **B.**

BIBLIOTHÈQUE D'ÉDUCATION MODERNE

LES ENFANTS DE LA RÉPUBLIQUE. — *Viala, Bara, Sthrau, Mermet, Canditentus,* par Étienne Charavay, archiviste-paléographe, officier de l'Instruction publique. Un volume in-32 . . . . **0 f.**

LE SERMENT DU JEU DE PAUME. — Par Maxime Petit. Un vol. in-32 . . . . **0 f. »**

CHEF ET SOLDAT. — Par A. Gervais, ancien officier. Un vol. in-32 . . . **0 fr. 50**

LES PRUSSIENS EN CHAMPAGNE (1792). — Par Maxime Petit. Un vol. in-32 . . . . **0 fr. 50**

LA DÉFENSE DE LILLE EN 1792. — Par Maxime Petit. Un volume in-32 . . . . **0 fr. 50**

UN FILS D'ALSACE. — **KLÉBER.** — Par Auguste Echard. Un volume in-16 . . . . **0 fr. 80**

UN EXEMPLE A SUIVRE. — *La Prusse après Iéna,* par Charles Lévin. Un vol. in-16 . . . . **0 fr. 80**

UNE GRANDE NUIT. — *La nuit du 4 Août,* par Marc Pillegous. Un vol. in-16 . . . . **0 fr. 80**

L'ŒUVRE DE CAMBON. — *Création du Grand livre de la Dette publique.* — Par J.-M. Gomel, sous-directeur de la dette inscrite. Un volume in-16 . . . . **0 fr. 80**

L'HÉROISME CIVIL (1789-1880). — Par Étienne Charavay, archiviste-paléographe, officier de l'Instruction publique, méd. à la Société pour l'instruction élémentaire. Un vol. in-16 . . . . **1 fr. »**

L'HÉROISME MILITAIRE (1792-1815). — Par Étienne Charavay, archiviste-paléographe, officier de l'Instruction publique, méd. à la Société pour l'instruction élémentaire. Un volume in-16 . . . . **1 fr. »**

DUPLEIX ET L'INDE FRANÇAISE. — Par Fabre des Essarts. Un vol. in-16 . . . . **1 fr. »**

LES SERVITEURS DE L'HUMANITÉ (moyen âge). — Par Prosper Robre, ancien professeur de philosophie. Un volume in-16 . . . . **1 fr. »**

LES MARINS DE LA RÉPUBLIQUE. — Par H. Moulin, ancien magistrat (grande édition). Un volume in-16 . . . . **1 fr. 50**

UN VILLAGE AU XII⁰ SIÈCLE ET AU XIX⁰. — *Récit comparatif des mœurs du moyen âge et des mœurs modernes,* par Léon Barracand (ouvrage honoré d'une mention par l'Académie française). Un volume petit in-8° . . . . **1 fr. 75**

PROMENADES AU PALAIS. — *Hommes et choses de la Justice,* par Armand Lelioux, médaille à la Société d'encouragement au bien. Un volume petit in-8° . . . . **1 fr. 75**

LE BONHEUR AU VILLAGE. — Par Léon Barracand (ouvrage médaillé par la Société d'encouragement au bien). Un volume petit in-8°. **1 fr. 75**

VIE DE VOLTAIRE. — Par Georges Renard. Un volume petit in-8°. **1 fr. 75**

HILAIRE GERVAIS. — *Histoire d'un Enfant,* par Léon Barracand. Un volume petit in-8° . . . . **1 fr. 75**

UN GRAND FRANÇAIS DU XVII⁰ SIÈCLE. — *Riquet et le canal du Midi,* par Jacques Fernay. Un volume in-8° . . . . **2 fr. 50**

LA CONVENTION NATIONALE ET SON ŒUVRE. — Par G.-R. Chesnay. Un volume grand in-8° broché . . . . **3 fr. 50**

LES PARISIENS CÉLÈBRES. — Par René Gysaur. Un volume grand in-8° broché . . . . **3 fr. 50**

Tous les volumes sont illustrés, ils se vendent reliés pour les distributions de prix. — Le Catalogue détaillé sera envoyé franco à toutes les personnes qui en feront la demande.

www.ingramcontent.com/pod-product-compliance
Lightning Source LLC
Chambersburg PA
CBHW061452060726

47597CB00002B/567